SOCIAL MEDIA WRITING TEMPLATES

自媒体写作模板
4步搞定新媒体文章

佩弦 李嗲 —— 著

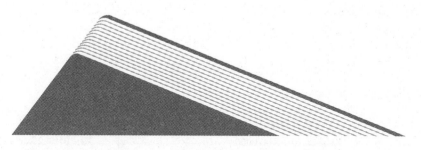

Four Steps to Complete Article Writing

清华大学出版社
北京

内 容 简 介

新媒体时代，内容为王。本书以烹饪之道类比写作方法，将复杂的写作技巧化为简单的步骤，让读者轻松掌握写作精髓。全书以四大环节（做好准备、吸引读者、留住读者、获得反馈）为逻辑结构，并辅以五位关键意见领袖的高赞文章和案例复盘，深入剖析时评文、科普文、故事文、干货文的创作方法。读完本书，读者将学会如何做好写作准备，吸引读者注意，让读者停留，并获得读者反馈，从而提升个人表达能力。

本书适合想学写作的学生、宝妈、职场人，以及想通过知乎、小红书、公众号等平台实现收益的自媒体人。

本书封面贴有清华大学出版社防伪标签，无标签者不得销售。

版权所有，侵权必究。举报：010-62782989，beiqinquan@tup.tsinghua.edu.cn。

图书在版编目（CIP）数据

自媒体写作模板：4步搞定新媒体文章 / 佩弦，李嗲著．—北京：清华大学出版社，2024.7

ISBN 978-7-302-64286-2

Ⅰ.①自… Ⅱ.①佩…②李… Ⅲ.①传播媒介－文书－写作 Ⅳ.① G206.2

中国国家版本馆 CIP 数据核字 (2023) 第 139139 号

责任编辑： 付潭娇
装帧设计： 方加青
责任校对： 王凤芝
责任印制： 宋　林

出版发行： 清华大学出版社
　　　　网　　址： https://www.tup.com.cn，https://www.wqxuetang.com
　　　　地　　址： 北京清华大学学研大厦 A 座　　**邮　编：** 100084
　　　　社 总 机： 010-83470000　　**邮　购：** 010-62786544
　　　　投稿与读者服务： 010-62776969，c-service@tup.tsinghua.edu.cn
　　　　质 量 反 馈： 010-62772015，zhiliang@tup.tsinghua.edu.cn
印 装 者： 北京嘉实印刷有限公司
经　　销： 全国新华书店
开　　本： 148mm×210mm　　**印　张：** 4.5　　**字　数：** 108 千字
版　　次： 2024 年 7 月第 1 版　　**印　次：** 2024 年 7 月第 1 次印刷
定　　价： 49.00 元

产品编号：101901-01

序一 自媒体最有味道的是人

2022年2月的一天，我给初中同学叶某打电话，他说他失业了。

2022年4月的一天，出生于1985年的西南财经大学同学李某给我打电话，说他已失业半年了。

2022年5月的一天，我刚刚认识的出生于1986年、毕业于四川大学的王某，他说自己失业1个月后好不容易找到新工作，却遭遇欠薪，白上了一个月班又得重新找工作。他还分享给我一篇刷屏朋友圈的文章《成都已经卷成这样了，还有人在向往它的躺平》。

时代的一粒沙，落在每个人肩头都是一座大山。2022年我也遇上了中年危机，公司全员降薪后我的工资还不够还房贷，使早过了35岁的我陷入了焦虑。

好在写作稿费成了我的救命稻草。2022年我陆续收到几本书的版税，其中《爆款文案写作公式》已经是第8次加印，这本书2016年动笔、2018年上市，如今还在持续热销。

《爆款文案写作公式》是我的处女作，起初我想写的是某个人，后来我意识到自己喜欢的是一类人。这一类人的共同特点是：在某个细分领域浸润多年，在2013年公众号红利来临时依靠写作放大了自己的才华，给读者提供价值的同时，成为先富起来的那部分人。

我为什么会对他们感兴趣呢？因为从2013年起，我在朋友圈总是看到同事、朋友转发他们的文章,在产生兴趣后我开始搜寻她们的报道、专访和演讲,并因为写书与她们建立了连接。曾经我的提问有多生涩呢?我问胡辛束:"你一般用什么方法来提炼观点?"胡辛束答:"瞎写罢了。"我问姜茶茶:"谈谈你的运营心得?"姜茶茶答:"麻烦下次不要问这么大的问题,很难回答。"

他们对我最大的改变是什么?职业生涯初期我做过报社审核、网站编辑、广告文案,一度认为写作是性价比很低的职业,甚至中途短暂尝试过销售。但是当我看到媒体同行黎贝卡、六神磊磊和广告同行胡辛束、姜茶茶的经历后,受到激励的我开始认真对待写作。

2017年10月的一天,顾爷来成都西西弗书店签售《小顾聊绘画·文艺复兴》,分享会现场他的一句话令我触动:"我觉得每个时代都有每个时代的伟大,只不过我们身处这个时代,不会意识到这个时代的伟大。文艺复兴之所以伟大,是因为被后人总结出来。"于是我在《爆款文案写作公式》中写下了"新媒体时代:文字创作者的黄金时代"。

如果你要问我最羡慕他们什么?我最羡慕他们靠写作实现了社交自由。什么意思呢,用一句话概括就是:不想参加什么饭局,基本就可以不参加;不想搭理谁,基本就可以不搭理;你社交的人,基本都是你喜欢的人。

2022年7月13日,胡辛束在公众号发布了一条推文——《致30岁,我叛逆地走完了婚姻的第一年》。一位粉丝留言:"天啦,我为啥一直以为你是个刚毕业的小孩儿。"胡辛束回复:"8年前确实是个刚毕业的小孩儿。"

8年后的今天,他们绝大多数依然是关键意见领袖,从个人发展到团队后,仍然笔耕不辍。

8年后的今天,又有一批写作者在知乎、小红书、公众号成长起来并赚到钱,我将这批人称为"白金一代"(表Ⅰ)。

表Ⅰ 新媒体时代编年史

	起始时间	代 表 人
黄金一代	2013—2017年	方夷敏("黎贝卡的异想世界"主理人)、顾孟劼("顾爷"主理人)、张伟("新世相"主理人)、胡辛束("胡辛束"主理人)、王晓磊("六神磊磊读金庸"主理人)、姜某("姜茶茶"主理人)、王国培("王左中右"主理人)、徐妍("深夜发嬶"主理人)、王欣("反裤衩阵地"主理人)、钱庄("KnowYourself"主理人)
白金一代	2018—2022年	某某("半佛仙人"主理人)、林安("林安的会客厅"主理人)、王盐("王盐"主理人)、叶楠("瞎说职场"主理人)、某某("空手"主理人)、林子诚("诚言SIR"主理人)

8年后的今天,我带来了新的作品。新书除了保留《爆款文案写作公式》的特色外,还会带给你们两大惊喜:一是把做菜原理与写作之道结合,让你们看得津津有味的同时,获得写作启发;二是邀请到五位KOL(王宇、鲁西西、肖瑶、海布里de酋长、王琳)分享爆款文章背后的创作故事和创作思路。

写作给我最大的感悟是,阅历见识是写作根基,掌握写作技巧能起到锦上添花的作用,但成败的关键,取决于作者的写作冲动有多大。只有写你发自内心喜欢的人物,只有写你真正相信的东西,你的文字才能打动人。

李安的电影《饮食男女》有句经典台词令我印象深刻:"人生不能像做菜,把所有的料都准备好了才下锅。"最后,我想告诉想从事写作的你，一旦你在生活中发现了好题材，没必要瞻前顾后，马上去写！

最后，本书的顺利面世，我最想表达的是感谢：

感谢清华大学出版社编辑的兢兢业业。

感谢王宇、肖瑶、海布里 de 酋长、鲁西西、王琳提供自己的文章和复盘。

感谢我的所有学员和读者。从我的第一套课程、第一本书开始，你们的支持和反馈一直是我持续创作的动力。

感谢我的小学、初中、高中的语文老师们。当年你们总让我站在讲台上念自己的作文，我在理科方面丢掉的自信，是你们帮我找了回来。

感谢麻婆豆腐、水煮肉片、回锅肉、夫妻肺片、糖醋排骨、东坡肘子、鱼香肉丝、宫保鸡丁、酸菜鱼、钟水饺、蒜泥白肉、粉蒸肉、火爆腰花的创始人。感谢你们造福一代代吃货，创造了这么多精彩的故事。

佩弦

2024 年 4 月

序二　如何在没有灵感的情况下，写出好故事

Preface 2

许多写作初学者，会觉得编故事很难。因为相对于其他文体，如散文、随笔、评论，我们从小在学校都有训练经历，而且我们可以写经历过的生活，已有的事物、观念和思想。编故事，却是一个无中生有的过程。特别在毫无灵感的情况下，如果让你马上写一个故事出来，你会觉得头脑空空一片茫然，根本无从下笔，一想到要写出一个有头有尾、有包袱、一波三折、出人意料的故事来，你会觉得是一个让人望而生畏的工程。你很可能会说：我现在没有灵感，完全写不出来。

因此，我想帮助大家解决这一问题。我现在教你们一种方法，帮大家把这件复杂的事，简洁化、程式化。这种办法叫作"像做数学题一样写故事"。

当我们在学校做数学题的时候，没有人会说：老师，我今天没有灵感，所以我今天没有办法做题。不管最终作出答案是不是正确，大家总去参与运算、一步一步列出推算的过程。其实写故事，也像做数学一样，是一个运算和推理的过程，其实是有套路和规律可循的。大家都知道数学题是怎样组成的，是将多种数字、符号打乱，组成一道又一道完全不一样的题。那么在没有灵感的时候写故事，大家也可尝试着像出数学题那样给你自己出题。把各种人物、场景、情节，打乱并组合成一道道不同的题。

你们可以为自己准备三到五个玻璃瓶，每人瓶子里放着不同的纸条。有专放人物的瓶子，放写着不同人物的纸条：美女、宅男、白领、村妇……有

专放场景的瓶子，放写着不同场景的纸条：公园、海边、庙宇、街道、学校……还有放物品的瓶子，放写着不同物品的纸条：包包、手枪、光盘、无人机……准备的瓶子可以有更多更细的分类。

每当我没有灵感的时候，我就从每一只瓶子里抽出来一张纸条，然后组合在一起，就成了我给自己出的故事题。比如我抽到"老头+街道+可乐瓶"，那么，我就用这几项条件完成一个故事。

这样做的好处是，避免你只写你习惯写、熟悉写的素材。新的题型给你的思维带来新的刺激，训练你的想象力。有人会说，可是我面对这些自己抽出来的纸条，仍然觉得一筹莫展，脑袋空空。题目有了之后，你要做的就是开始一步一步地推理运算。我拿到的题目是"老头+街道+可乐瓶"，一开始，我也是毫无头绪。我开始想，老头、街道与可乐瓶要怎么组合在一起呢？捡到？踩到？看到？我想了无数个答案，在这无数答案当中，我挑了一个我觉得最可能产生冲突与情节的。最终我选的是，老头走在街上，从天上掉下一个可乐瓶，正好砸在他头上。

好了，第一步就完成了。这是一个不断推理、不断向自己提出问题的过程。提出一个问题，解决这个问题，就前进一步。如果让你一次性想出一个完整的故事，你当然会觉得难。但是把每一步进行拆分，你就会觉得简单轻松许多。每一步，至少要让你自己想出五种可能性情节，再选出最让人想不到、最有趣的一种情节，再走下一步。

第二步再推理：一个人被可乐瓶砸到，会发生什么？生气、大骂，要揪出从楼上乱扔可乐瓶的人。可是这种情况下一般找不到肇事人。因为大家知道不会有人主动出来承认可乐瓶是自己丢的。但是我不能让老头罢休，不然故事就这么完结啦。于是老头在楼下骂，吸引来很多围观的人，包括住在这栋楼的人，大家七嘴八舌都不承认是自己丢的。

要怎样才能让这故事有趣地继续下去呢？我又想了各种可能：①有人出来替这栋楼的人道歉；②有人出来吵架；③老头的家人来了；④从其他角度，比如从可乐瓶入手。我最后选择了，让老头研究可乐瓶的时候，发现瓶盖上有中奖信息。这样就导致原本不承认丢可乐瓶的人都跑出来承认说瓶子是自己丢的。这就产生了故事性。

但故事在这里结束，未免太过于简单、老套了。我还要往下推理，让故事一波三折。整栋楼的人为了这个中奖的瓶子会闹得不可开交，下一步事态会发生新的变化……我一步一步对自己提问，最后写出来的结果是这样的：

天上掉下个可乐瓶

俗话说"天有不测风云"。这天有个老头优哉游哉走在街上，冷不防从街边一栋楼上掉下来一个可乐瓶，可乐瓶不偏不倚就砸在老头的脑袋上。

老头瞬时便头破血流。这大清早的，莫名其妙就走了霉运，老头很生气，捡起那个可乐瓶，就冲着楼喊："哪个王八蛋乱扔可乐瓶，砸到人了！"

老头这么一嚷嚷，里面的住户全跑出来看热闹。大家围着老头七嘴八舌地表示同情："呀，流了这么多血，伤得还不轻。"

可是没有人承认可乐瓶是自己扔的。

"我们家从来不喝可乐。"

"我们家喝，但是从来不买这个牌子的。"

"我没扔,我刚才在厨房做饭。"

"我没扔。"

"我也没扔。"

……

"到底是谁扔的,你们这栋楼的人一点社会公德心都没有!"老头怒气冲冲地说。

"嘿,你这位同志真不讲道理,你被可乐瓶砸到,你去找那个扔的人啊。干吗说到我们头上来,可乐瓶是从我们这栋楼扔的,但关我们什么事!"住户们说。

老头被围攻得哑口无言,只好讪讪地说"你们都没扔,难道可乐瓶是从天上打下来的?"他边说边拿起手中的"罪证"仔细打量,这是本市一家饮料厂生产的一种叫"奇奇"的可乐,超市里有得卖,但是好像销量并不好。从瓶子里溢出一些残留的可乐,易拉罐的盖子只拉开一个小洞,吸管从中间穿过去。老头随手将盖子一拉:"呀,中奖了,中了一辆跑车!"老头冷不防又惊又喜地叫出声。

旁边人心里偷笑:这老头,找不到"真凶"就想使诈骗人!中奖?谁会傻到去相信他。

但也有好奇心强的人忍不住凑上前去验证,不料那人也喊道:"啊,真的中奖一辆跑车!"

这下子,十几个脑袋不约而同地凑了过去,不错,那易拉罐盖子上清清楚楚地写着"中奖一辆跑车"。

老头化灾为喜,不再喊着要找乱扔可乐瓶的人算账了,喜气洋洋拿着那个可乐瓶就要走。这时一位老大姐眼明手快,一把拉住他:"喂,这可乐瓶是别人丢掉的,你得还给失主。"

老头当然不买账:"你们都说没扔吗,这说明没有失主。"

"那可不一定,我没扔,不代表我们家那口子没扔,今早上我还看见他喝可乐呢。"那位老大姐说。

这时其他住户也围上来，大家不约而同地说："不一定！不一定！"

老头眨巴眨巴眼睛，说："你们一会儿说没扔，一会儿又说不一定，可乐上又没写名字，谁知道是哪个扔的，我可是结结实实地被可乐砸到了！"

"不管是谁扔的，总之是我们这栋楼的人扔的！"

双方就可乐的归属问题僵持不下，谁也不肯让步。一直到天黑，一大堆人吵得不可开交，也没有争辩出个所以然来。没办法，最后只好打电话找110。警察过来一听事情的来龙去脉，爱莫能助地一摊手："对不起，这种民事纠纷不在我们的管辖范围。"

有好事者向警察同志建议："可以查验指纹，或者验可乐瓶上留下的唾液的DNA，就可以查出可乐瓶是谁的……"那警察摸摸头，笑了笑，敬个礼，走了。

接着电台和报社的记者也闻风而动，赶来报道这条新闻。次日，报纸上便登：突遭横祸可乐瓶伤人，飞来横财跑车属于谁。

一时间，全市街头巷尾津津乐道的是那"奇奇"可乐的巨奖究竟该谁得。有人说："当然归老头的，他被砸到，这是对他一种物质补偿。"也有人说："可乐瓶是从那幢楼中丢出来的，该归那幢楼的人所有。"更多人说："都别争了，咱们也去买两瓶可乐看能不能中奖。"

大家众说纷纭，但这件事并没有得到很好的解决，最后闹到了法庭。临近开庭之日，老头突然出人意料地让步了，他同意跑车归那幢楼的住户所有，只要求对方赔一千元的医药费及精神损失费。这么有利的条件，住户那方马上答应了，所有住户凑了一千块钱给老头，于是便撤诉。

第二个星期，那幢楼的住户们集体上"奇奇"可乐厂领奖，结果奖品拿出来的时候，大家顿时傻了眼：玩具跑车！

闹了半天奖品居然是玩具跑车，住户们当然不满，说要上法院起诉"奇奇"可乐厂方恶意发布虚假广告。"奇奇"可乐厂的厂长指着可乐瓶上印的几个大字"本活动解释归厂方所有"。于是那幢楼的住户只好打碎牙齿吞进肚，认栽了！

第二天，"奇奇"可乐厂的厂长打电话给姐夫的外公的弟弟的侄子的岳父："您这苦肉计的广告效应真是不得了，这几个月我们'奇奇'可乐卖得快脱销了，我们厂的知名度也大大提高了。"

电话那一端，正是那个被可乐瓶砸到的老头。

这个故事，不是我写得最好的故事。但是我在没有任何灵感的前提下，用这种推算的方式，一步一步推算完成。这样做，完全不存在有没有灵感的问题，只在于你够不够勤劳，肯不肯去动脑子去想。

鲁西西

写作如做菜，入门简单开窍难

先来做 1 道单选题。

张三、李四、王五、赵六都是 0 基础学烹饪，一年后谁的厨艺水平更高？

A. 张三，每天坚持练刀功、勺功、抽糊、宰剖等基本功。

B. 李四，在抖音看美食教学视频，每天学做 2 道菜。

C. 王五，报班学习烹饪，每天老师教一道川菜做法。

D. 赵六，前半年自学《烹饪化学》《烹调原理》，后半年给师傅帮厨。

正确答案：D

为什么？因为张三学到的是技术，李四、王五学到的是步骤，只有赵六学到的是原理（表Ⅱ）。

表Ⅱ 如何系统高效学烹饪

针对人群	学习内容	示　例
门外汉	掌握步骤	跟着菜谱的步骤模仿
门外汉	掌握技术	切菜、配菜、摆盘
入门者	掌握规律	川菜 24 种味型，掌握一个调味法，就能举一反三地炮制许多"硬菜"。例如掌握糖醋味的调味法，再稍加变通，是不是就可以快速解锁糖醋里脊、糖醋莲白、糖醋鱼等系列菜了？

续表

针对人群	学习内容	示例
进阶者	掌握原理	烹饪不是一门玄学,而是一门科学,烹饪过程中的变化其实是化学变化与物理变化。比如炒丝瓜要想出来的颜色翠绿,一定要先放盐,后放盐丝瓜就容易黑,是因为盐破坏了丝瓜中的酶,所以丝瓜再加热时不会发生褐变反应(变黑)

我是如何得到以上启发的?因为我平时爱在抖音和B站学做菜,但凡美食博主教过的菜,我悉数照着学一遍。之后大数据根据我的观看和搜索习惯,又向我推荐了"大师的菜""王哥盐帮菜""主厨农国栋""火筵家常""黎叔教做菜""最美家常菜""锅铲居士",在博采众家之长后,我甚至觉得自己可以横着走了。

直到我在图书馆翻到一本书,才恍然大悟:与其模仿1000道菜,不如掌握其中的原理。该书名叫《本味:地道川菜24味》,介绍了川菜24种经典味型的特色及调味关键,作者不是别人,正是"火筵家常"UP主火哥!

后来,知乎向我推荐了一个话题"你是明白了哪几个基本原理之后而厨艺大增的",其中两个回答让我醍醐灌顶,一个为"做菜就是生活中的化学";另一个为"好味道是可以有公式的,粗略说来:美味=底味+副味+风味-恶味"。

万事开头难吗?不,万事开窍难。学习一项新本领,掌握步骤和技术能照猫画虎,掌握原理才能触类旁通。学烹饪如此,学写作也是如此。与别的写作教程不同,本书没有诸如"写作的诀窍就是多读、多写、多改"这类正确的废话,而是实实在在教你一套写作模板(表Ⅲ),让你先尝尝写作的甜头,再让你通过范文和讲解掌握规律和原理,更上一层楼。

表Ⅲ 如何系统高效学写作

针对人群	学习内容	示例
门外汉	掌握步骤	提供给一套可应用于公众号、知乎、小红书、今日头条等新媒体平台的写作模板，故事文、科普文、时评文、影评文、书评文、干货文都可以套用。 **做好准备工作→吸引读者注意→争取读者停留→获得读者反馈**
	掌握技术	文章排版、封面设计、标题写作
入门者	掌握规律	做自媒体本质上就是把两件事做好：自我表达和讲故事。自我表达除了要展示你的观点、知识外，还需要展示你的欲望、情绪、爱憎、使命、脑洞等，呈现你独特的人格魅力，让人注意和喜欢你。而讲故事是与读者沟通的最佳方式，让人记住和追随你
进阶者	掌握原理	一篇文章的阅读量由什么决定？不只是文采，也不是单个指标，而是作者阅历经历、表达能力、网感、资源和运气的总和。一开始数据不好莫灰心，随着你的见识增多、能力提升、资源变多，你会越来越意识到，写作是这个时代普通人最值得的投资

现在，就让我们开始吧。

第 1 章　做好准备工作

1.1 选准赛道，扬长避短 / 2
　　1.1.1 选择如鱼得水的写作领域 / 2
　　1.1.2 选择容易变现的写作文体 / 4
　　1.1.3 选择人无我有的写作对象 / 8

1.2 准备资料，厚积薄发 / 9
　　1.2.1 建立分类清晰的素材库 / 9
　　1.2.2 增加写作领域的输入量 / 12
　　1.2.3 设计采访现场的提问语 / 13

1.3 深入思考，提炼观点 / 17
　　1.3.1 爆款文章本质上是观点取胜 / 17
　　1.3.2 观点的正确提出方式 / 19
　　1.3.3 如何写出新颖、共鸣、高赞的观点 / 21

1.4 挖掘故事，丰富人设 / 24
　　1.4.1 有故事的菜百年传承，有故事的人人见人爱 / 24
　　1.4.2 如何让人物立体有层次？ / 25
　　1.4.3 天赋低、资源少、起点低的普通人，如何立人设 / 27
　　1.4.4 用你的欲望引人入胜 / 29

第 2 章 吸引读者注意

2.1 教你找选题,省时又勾人 / 32
2.1.1 挖掘永恒热点 / 32
2.1.2 借势实时热点 / 36
2.1.3 企划系列连载 / 41

2.2 教你写标题,省力又吸睛 / 42
2.2.1 当我们在写标题时,我们该传递什么 / 42
2.2.2 只需两步,让你的标题不拖文章后腿 / 44

2.3 教你做封面,省心又引流 / 45
2.3.1 新媒体封面怎么做?答案都藏在杂志里 / 45
2.3.2 只需两步,让你的封面不拖文章后腿 / 47

第 3 章 争取读者停留

3.1 点:文章的血肉 / 50
3.1.1 减少读者阅读的障碍点 / 50
3.1.2 设置文章持续的兴奋点 / 57
3.1.3 紧紧围绕文章的中心点 / 61
3.1.4 留下文章特有的辨识点 / 67

3.2 线:文章的骨架 / 68
3.2.1 如何搭建时评的结构 / 68
3.2.2 如何搭建故事文的结构 / 71
3.2.3 如何搭建科普文的结构 / 82

3.2.4 如何搭建干货文的结构? / 88

3.3 面:文章的皮囊 / 92

  3.3.1 屏读时代,什么样的版面读者读起来爽 / 92

第 4 章 获得读者反馈

4.1 让读者产生共鸣感 / 96

  4.1.1 最简单的共鸣来源于共同的经历、背景、目标 / 96

  4.1.2 更高级的共鸣来自共同的感受 / 96

  4.1.3 最高级的共鸣来自价值观层面的共鸣 / 97

4.2 让读者获得优越感 / 100

  4.2.1 FFC 赞美法 / 101

  4.2.2 差势理论 / 101

4.3 让读者产生意外感 / 103

4.4 让读者产生启发感 / 107

4.5 让读者看得津津有味 / 112

后记 / 121

第 1 章 做好准备工作

　　一个作家应该有三个仓库：一个装生活中得来的材料；一个装间接材料的仓库，即装书籍和资料得来的材料；另一个就是日常收集的人民语言的仓库。有了这三种，写作起来就比较容易。

——秦牧

1.1 选准赛道,扬长避短

1.1.1 选择如鱼得水的写作领域

自媒体可写的领域很多,新闻、美食、军事、娱乐、搞笑、科技、数码、体育、财经、汽车、游戏、旅游等。选择什么内容写,会有利于我们更好地驾驭文字?我借用作家郑渊洁的一段话来回答:"尽量写我们熟悉的事。比方说,舒克为什么开直升机?我也可以让他干别的事。因为我在15岁到25岁的时候,当过五年兵,工作就是修飞机和战斗机,我对飞机很了解,所以当我写《舒克贝塔历险记》的时候,我想我写这么长的一部作品,如果没有一个我非常熟悉的道具的话,我写起来一定很吃力,很难坚持把他写下去。《舒克贝塔历险记》发表后,有一名飞行员给我写信,他说,郑渊洁你对飞机的描写很到位,连我们这些飞行员都看不出任何破绽。"

1. 根据从业经历选写作领域

如果你在某个行业浸泡多年,既熟知圈内事儿,又能看出门道,你可以像叶楠、杨毅、许超等人一样(表1-1),将你的行业作为写作领域。

表 1-1 将从业经历作为写作领域的作者

主理人	账号昵称	从业经历	写作领域
某某	半佛仙人	风控从业者	财经
叶楠	瞎说职场	人力资源从业者	职场
杨毅	杨毅侃球	篮球评论员	篮球
姜某某	姜茶茶	广告文案	广告
许超	许超医生	泌尿外科医师	健康

2. 根据兴趣爱好选写作领域

如果你有一个多年的爱好,每逢与别人分享时便滔滔不绝,你可以像顾孟劼、王晓磊、张佳玮等人一样(表1-2),将你的爱好作为写作领域。

表1-2 将爱好作为写作领域的作者

主理人	账号昵称	兴趣爱好	写作领域
顾孟劼	顾爷	艺术	艺术科普
王晓磊	六神磊磊读金庸	金庸	金庸
张佳玮	张佳玮	文学、体育	文学、体育
张某某	回忆专用小马甲	宠物	宠物

3. 根据生活阅历选写作领域

如果你拥有旁人没有、少有或让普通人共鸣的一段经历,你可以像报姐、胡辛束、王欣等人一样(表1-3),将你的阅历作为写作领域。

表1-3 将生活阅历作为写作领域的作者

主理人	账号昵称	生活阅历	写作领域
报姐	英国报姐	英国留学	海外文化
胡辛束	胡辛束	恋爱	情感
王欣	反裤衩阵地	北漂	生活方式
利之学姐	利之学姐	考研	教育

4. 根据专业背景选写作领域

如果你是科班出身,在某个专业话题上有发言权,你可以像钱庄、罗翔等人一样(表1-4),将你的专业背景作为写作领域。

表1-4 将专业背景作为写作领域的作者

主理人	账号昵称	专业背景	写作领域
钱庄	KnowYourself	•北京大学社会学本科 •哥伦比亚大学社会工作学院临床精神卫生硕士	心理
罗翔	罗翔说刑法	•北京大学法学博士 •中国政法大学教授 •刑法学研究所所长	法律

1.1.2 选择容易变现的写作文体

以下8种文体,不仅读者爱看、上手简单,而且变现手段多(接广告、大号投稿、集结出书等)。你不必样样都会,选1～2种文体练到家即可。

1. 时评文

(1)什么是时评文

时评文,就是对当前发生的新闻,发表作者自己的见解的文章。

(2)时评文的主要受众

时评文的主要受众是相关领域从业者、兴趣爱好者和吃瓜群众。

(3)时评文的价值

时评文可以帮助读者打发无聊、满足欲望、提供谈资。

(4)哪些自媒体可作为学习时评文的案例

可以作为学习案例的自媒体有张佳玮、三表龙门阵等。

2. 鸡汤文

（1）什么是鸡汤文

鸡汤文是可以通过激励人奋发的文字鼓舞读者、通过柔软暖心的文字治愈读者的文章。

（2）鸡汤文的主要受众

鸡汤文的主要受众是学生、职场新人和老年人。

（3）鸡汤文的价值

鸡汤文可以帮助读者克服障碍、获得能量。

（4）哪些自媒体可作为学习鸡汤文的案例

可以作为学习案例的自媒体有李尚龙、刘同等。

3. 故事文

（1）什么是故事文

故事文就是通过叙述的方式讲一个带有寓意的事件，或是陈述一件往事。

（2）故事文的主要受众

故事文的主要受众是少男少女。

（3）故事文的价值

故事文可以帮助读者打发无聊、满足欲望、提供谈资。

（4）哪些自媒体可作为学习故事文的案例

可以作为学习案例的自媒体有李嗲、胡辛束等。

4. 科普文

（1）什么是科普文

科普文就是针对不熟悉该学科的非专业人士，以深入浅出的方式宣传普及科学知识的文章。

（2）科普文的主要受众

科普文的主要受众是相关领域从业者、兴趣爱好者。

（3）科普文的价值

科普文可以帮助读者克服障碍、满足欲望。

（4）哪些自媒体可作为学习科普文的案例

可以作为学习案例的自媒体有半佛仙人、KnowYourself、顾爷等。

5. 影评文

（1）什么是影评文

影评文是对一部电影的导演、演员、镜头、摄影、剧情、线索、环境、色彩、光线、视听语言、道具作用、转场、剪辑等进行分析和评论的文章。

（2）影评文的主要受众

影评文的主要受众是尚未观影、对该片导演/演员/题材感兴趣的读者。

（3）影评文的价值

影评文可以帮助读者节省时间、提供谈资。

（4）哪些自媒体可作为学习影评文的案例

可以作为学习案例的自媒体有张佳玮、反裤衩阵地等。

6. 书评文

（1）什么是书评文

书评文，即评论并介绍书籍的文章，是以"书"为对象，有见识地分析书籍的形式和内容，探求创作的思想性、学术性、知识性和艺术性，从而在作者、读者和出版商之间构建信息交流的渠道。

（2）书评文的主要受众

书评文的主要受众是尚未买书、对该书作者/题材感兴趣的读者。

（3）书评文的价值

书评文可以帮助读者节省时间、提供谈资。

（4）哪些自媒体可作为学习书评文的案例

可以作为学习案例的自媒体有魏小河、张佳玮等。

7. 访谈文

（1）什么是访谈文

访谈文是作者带着目的对有关人士进行专门的采访的文章，它比一般报道要详细而生动。

（2）访谈文的主要受众

访谈文的主要受众是对某个采访对象或话题感兴趣的读者。

（3）访谈文的价值

访谈文可以帮助读者克服障碍、满足欲望、提供谈资。

（4）哪些自媒体可作为学习干货文的案例

可以作为学习案例的自媒体有林安的会客厅、新世相等。

8. 干货文

（1）什么是干货文

干货文就是能够给读者带去实用的方法或者技能，或者说是结合写作者自己的经验，给读者提供一些解决方案的文章。

（2）干货文的主要受众

干货文的主要受众是相关领域从业者、兴趣爱好者。

（3）干货文的价值

干货文可以帮助读者克服障碍、满足欲望。

(4) 哪些自媒体可作为学习干货文的案例

可以作为学习案例的自媒体有黎贝卡的异想世界、李叫兽等。

1.1.3 选择人无我有的写作对象

陈小春在情歌《独家记忆》唱道："忘记分开后的第几天起 喜欢一个人看下大雨……已经结束得没有商量的余地 我希望你，是我独家的记忆……。"在爱情中我们都想成为对方心目中的唯一，在写作中也要想办法成为读者心目中的唯一，因为再重复写别人写过的东西，是很难出彩和超越的。

1. 你写的人物全网独家

王晓磊找到的独家人物是金庸。2013年底，王晓磊还在新华社重庆分社担任政法记者，便开始利用闲暇时间经营微信公众号，凭借将金庸小说里的故事和人物与时事评论相结合的写作方式，很快积累了数十万粉丝。2016年，他辞掉记者工作，成为专职自媒体人，用他的话来说，从此"靠读金庸养家糊口"。

杨毅找到的独家人物是姚明。杨毅是第一个陪伴姚明在休斯敦开始NBA征程的记者。他到美国休斯敦采访时，一位名叫弗兰克的老记者对杨毅的影响非常大。弗兰克已经在一线工作40多年了，6次获得全美最佳专栏奖。弗兰克告诉杨毅："如果你的能力没法让你去做一些让世界记住的事情，那你就把让世界记住的事情，用你的笔触写下来，这同样也是一种成就。"

2. 你写的群体全网独家

王欣找到的独家群体是北京女人。2017年，王欣看了日剧《东京女子图鉴》，他想到自己北漂17年里接触过的众多女性，于是一个一个地去采访。《东京女子图鉴》只是一个女人的故事，而他想写的，是一群不同的北京女人。

林安找到的独家群体是自由职业者。林安在辞职之际，探访周围不上班的朋友，写了篇名为《现在的年轻人，为什么都不想上班了？》的文章，发布在自己的公众号。没有想到的是，一周后，公众号后台突然涌进来很多用户留言说"你写得太有共鸣了""我也不想上班"。之后林安便以一周一篇的节奏持续输出。

3. 你写的角度全网独家

报姐以向国内网友提供国外资讯而成为独家。一开始她的账号叫"英国校报"，专门发布与英国学校有关的攻略等信息，后来改名叫"英国时报"，开始发布一切与英国有关的新闻，再后来感到只发布与英国有关的消息已经不太够了，于是改名为"英国报姐"，发布全球范围内的新闻资讯。

半佛仙人以风险管理角度解释新闻事件而成为独家。最初半佛仙人一开始是想到什么写什么，2019年1月20日"羊毛党薅拼多多"事件爆发，半佛仙人就直接从风控的角度来论述它哪些地方是可以拦住的，并讲出它的原理，之前业内没有人写过这样的东西。

1.2 准备资料，厚积薄发

📝 1.2.1 建立分类清晰的素材库

烹饪回锅肉，如果少了豆瓣酱，这道菜就完不成。如果临时去超市买豆瓣酱，至少要耽误10分钟。写作也是如此，要想让文章"活色生香"，提高写作效率，需要养成建立素材库的习惯（表1-5），平时看到好的标题、金句、图片、选题就放进去。

表1-5　不同的文体建立不同的素材库

文　　体	素　材　库
故事文	选题库、标题库、故事库
鸡汤文	选题库、金句库、标题库、版式库
科普文	选题库、标题库、文献库、段子库
干货文	选题库、标题库、图片库、版式库
时评文	选题库、标题库、图片库、金句库
影评文	选题库、标题库、金句库
书评文	选题库、标题库、金句库

1.南方都市报团队是如何积累选题的

南方都市报的评论员和编辑很早就开始根据自己的兴趣和专业建立选题资料库。具体做法是按照话题关键词收集相关报道和评论，并逐条概括核心意思。这样再碰到这个话题的时候，就能迅速判断它有没有新意、价值有多大。这看起来是笨功夫，却是一种行之有效的选题积累方法。比如高空抛物这个话题，在第一次出现这个新闻事件时，就会建立一个关键词为"高空抛物"的文件夹；设置关键词后，编辑会抽取围绕这个关键词出现的"增量信息"，也就是新的信息点、新的角度等，把它概括出来，如"小区安装摄像头监控高空抛物来源""民法典草案如何完善高空抛物责任"等，日积月累，就能建立一个丰富的选题资料库。

2. 视觉志团队是如何积累标题的

"视觉志"团队在分享经验时提到,他们会带领团队每人每天至少记录5个自认为优秀的标题,作出属于自己的标题库。

3. 天才小熊猫是如何积累段子的

记者采访"天才小熊猫"主理人张建伟时,说你一个月只写一个笑话,这个生活太爽了,平时29天你都在干吗?张建伟说不是这样的,一个段子通常是由一个有趣的想法发散而来,但是这个想法有时候一两天就可以想好了,有时候需要想一两个礼拜,有时候会想一两个月,最长的时候会想一两年。张建伟会随身带一个本子,碰到好笑的事情、有趣的事情会记在上面。

4. 新世相团队是如何积累故事的

每个周末,新世相都会在微信公众号向读者发起不同主题的故事征集,比如"前任""忧愁"等关于中国年轻人的"人生大问题",然后会收集读者投稿。同时新世相在微信后台开发了一个叫"Google for stories"的技术系统,来帮助编辑更好地搜索他们想要的故事,进行深入撰写。这套系统还可以自动识别这些"读者投稿"是否是一个完整的故事,完整故事的标准包括字数大于1000字等。

5. Spenser是如何积累金句的

因为特别需要写作素材,Spenser在跟别人聊天时,如果听到一句特别有道理的话,就会脱口而出:"等一下,这句话说得好,我要记下来。"导致对方特无奈。Spenser认为这几乎是所有自媒体人的共同特点,跟其他做自媒体的人聊天,他们也经常这样做。

📝 1.2.2 增加写作领域的输入量

1. 烹饪草鱼

会得少、见得少的烹饪者：只会做清蒸草鱼。

会得多、见得多的烹饪者：豆瓣鱼、松鼠鱼、酸菜鱼、水煮鱼、烤鱼、西湖醋鱼信手拈来。

2. 写时评文

懂得少、见得少的写作者：要么无话可说，要么就事论事。

懂得多、见得多的写作者：从个案到类案，从现象看本质，写出别人想不到或者想得到但说不出的见解来。

3. 写影评文

懂得少、见得少的写作者：要么无话可说，要么写成观后感。

懂得多、见得多的写作者：①从纵向、横向与其他作品进行比较。例如，张佳玮在写《头号玩家》的影评时，将该片与同类电影《黑客帝国》《星际穿越》进行纵向比较，与斯皮尔伯格导演的《大白鲨》《ET》《侏罗纪公园》进行横向比较。②讲出这部作品在影史中的位置、贡献、价值、创新、突破等。例如，豆瓣网博主"大奇特"在写《爱乐之城》的影评时，图文并茂呈现出了《爱乐之城》致敬的18部经典歌舞片，让读者了解大半个歌舞片史。

4. 写书评文

懂得少、见得少的写作者：要么无话可说，要么简单摘抄，要么写成读后感。

懂得多、见得多的写作者：建立对这个作家的宏观理解。比如张佳玮写《了不起的盖茨比》的书评时写道："这部小说，痛切又真诚地描述了一个梦的幻灭，与此同时，完美地预言了作者自己未来命运的悲剧……菲茨杰拉德知道自己追求的东西必然损毁，必然悲剧。他知道，他写的盖茨比追求的黛西，就是他自己追求的杰内瓦和泽尔达，就是梦想、成功、人生的目标、纸醉金迷的未来，是注定悲剧的。"

5. 写科普文

懂得少、见得少的写作者：要么照本宣科，要么写作效率低。

懂得多、见得多的写作者：举例生动，脑洞大开，写作效率高。正如张佳玮所说："为了每篇稿件，需要读许多资料。读少了当然也可以应付稿件，但写出来就特没有味道。这当然会造成效率不高。比如，我接过稿件：写肉桂的传播、写咖啡从阿拉伯地区往西欧渗透、写镜子材质的发展。这些文章需要查阅许多资料，才大概写得像个样子。"

1.2.3 设计采访现场的提问语

如果你走在大街上，突然被一个记者拦住要求回答："你幸福吗？"你会是什么反应？2012年国庆节前期，一位清徐县北营村务工人员面对记者的提问时，首先推脱了一番："我是外地打工的不要问我。"这位记者却未放弃，继续追问道："您幸福吗？"这位清徐县北营村务工人员用眼神上下打量了一番提问的记者，然后答道："我姓曾。"该回答被网友们封为"神一样的回复",而提问的记者则被网友们吐槽"提问水平太低,记者应该反思一下如何提问"。

《华尔街日报是怎样讲故事的》的作者威廉·E.布隆代尔认为,太多的记者都没有把采访者看作是讲故事的人,而是当成了其他人,比如律师或学者。那么,如何使受访者愿意讲出自己真实动人的故事呢?

1. 用提问打开话匣

2004年成都电视台打算做一档交通普法节目,这档节目被插在新闻节目中播放,核心目的是宣传《道路安全基本法》,保障人身安全。当时有6个交警到电视台面试,摄像师事后透露节目组选择主持人的标准:"这个节目是要上街,是日复一日地要跟那些形形色色的违法者保持交流的一种状态,主持人能站在别人的角度,别人自然愿意和他交流。主持人有同理心,主持人经历过一些行业,更能够去体会各行各业普通老百姓的心境。"

被选中的这个人叫谭乔,节目制作人结合了谭乔的名字,将节目命名为《谭谈交通》。2005年节目播出后,在此后的13年一直是成都电视台黄金时段收视率的"扛把子"。2019年12月20日,谭乔入驻哔哩哔哩,至今粉丝数超过432.8万,并当选"BiliBili2022百大UP主"。

有网友把谭乔的采访逻辑概括为三段论:第一段寻找目标、介绍背景、打开话题;第二段插科打诨、输出笑料;第三段总结升华、科普教育。

谭乔说,刚当交警时,由于态度比较生硬,让不少违法驾驶员"接受不了",他也觉得难受。后来,谭乔开始换位思考,他常常问自己:"如果我是违法驾驶员,希望交警怎么和我说话呢?同样一句话,'前面那个红绿灯你没看见?'和'那个红绿灯你看不见？你眼瞎了？'就完全不一样"。换位思考后，谭乔管年纪大的男性叫大哥，女性喊大姐。

2. 用提问引出冲突

《谭谈交通》其中一集，一位大爷骑着电动车，牵引着一辆载着钢管的二轮车，飞驰在机动车道上。被叫停后，于是发生了以下对话：

谭乔："你该走哪儿啊？"（谭乔指着旁边的非机动车道，暗示该走这）

大爷："到二仙桥。"

谭乔："到什么二仙桥，我是说你该走哪条车道？"

大爷："走成华大道。"（大爷的表情里无不透露着"这警察怕不是傻子吧"）

谭乔："什么成华大道，你车子能拉吗？"（意思是不能牵引）

大爷："只能拉一点点。"

谭乔："我是问能不能拉？"

大爷："只能拉一点点，不能拉多了。"

谭乔："我是问你这个车能不能走？"

大爷："能走，到二仙桥。"

谭警官本想通过发问引导大爷，让他意识自己交通违规，没想到两人始终不在一个频道。2018年，谭乔回访了"二仙桥大爷"，当年因为答非所问闹出笑话的主角，如今跟谭乔的对话仍然是"鸡同鸭讲"。

谭乔：微信加一下，你手机号是多少？

大爷：我手机华为的。

谭乔：我说你手机号多少？

大爷：手机号移动的。

3. 用提问引出故事

2011年6月20日，快车道里一个人骑着自行车，右手拿着一把五颜六色的气球。谭乔见了赶紧截停。

谭乔关切地说："你要多为家里人想想，你这样手举着气球，在快车道上骑车，万一出了什么事呢？你老婆在家里边，等着你平安回家。"

气球哥解释道，老婆嫌弃自己太穷，已经离婚了。并对自己的过往侃侃而谈：自己吃过很多苦，包过菜地、贩卖过小商品、摆过地摊、打过零工。

2011年一个夏日午后，谭乔发现道路上一个大爷骑着三轮车，车上拉着货物，货物上又坐着一人一狗，非常危险，于是赶紧把他们拦了下来。

谭乔：家里面不担心你吗，你爸爸不管你吗？

大爷：我爸爸死了11年了。

谭乔：那你妈妈呢？

大爷：妈妈死了20多年了。

谭乔：那你有老婆孩子吗？

大爷：老婆也死了11年了，孩子在妈妈肚子里就没了。

谭乔：那你其他的兄弟姐妹呢？

大爷：哥哥死了18年，现在就只剩下我旁边的弟弟和一条狗了，他小时候吃药吃傻了，不会说话了，狗跟了我好多年，也快老死了。

谭乔：你生活都这么凄惨了，但是我看你过得好像很开心的样子呀。

大爷：向前看。

4. 用提问核实真相

2000年左右，那时还没有《谭谈交通》，有一天谭乔执勤时看到一老头违规，准备扣车，那老头吓得慌忙之中藏进了医院的停尸房。

老人告诉谭乔，自己女儿得了溶血症，花钱如流水。但谭乔还是把车扣了，老人便两眼无神，一脸颓相呆坐在医院门口。

谭乔还是心软了，他又问："你不要骗我，是不是真的？"

那老头带着谭乔去了"家里"，所谓的家就是两栋楼之间，拿塑料布撑起来的一个棚子。

1.3 深入思考，提炼观点

1.3.1 爆款文章本质上是观点取胜

1. 回锅肉

主料：二刀肉。

辅料：蒜苗。

调料：甜面酱、豆瓣酱、植物油、姜、葱、料酒、花椒。

2. 时评文

主料：观点。

辅料：理由、插图、表情包、段子。
调料：欲望、矛盾、反差。

3. 鸡汤文

主料：观点。
辅料：理由、金句、故事、插图。
调料：能量。

4. 故事文

主料：故事。
辅料：插图、金句、段子。
调料：人性、欲望、矛盾、悬念。

5. 科普文

主料：观点。
辅料：理由、图表、数据、段子、金句。
调料：欲望、反差。

6. 影评文

主料：观点、故事。
辅料：理由、插图、金句。
调料：欲望、人性、情绪。

7. 书评文

主料：观点、故事。
辅料：理由、插图、金句。
调料：欲望、人性、情绪。

8. 访谈文

主料：故事、观点。
辅料：理由、例子、问题。
调料：欲望、人性、反差。

9. 干货文

主料：观点、信息。
辅料：理由、金句、段子、表情包。

✎ 1.3.2 观点的正确提出方式

李元芳是狄仁杰手下的一名武功高强的将军兼护卫，因其有独立的思考能力、推理能力而深受狄仁杰器重。因此，每次狄仁杰在遇到新案子的时候都会问："元芳，此事你怎么看？"

每逢大事发生、新片上映、新书发行时，网友也期待自己喜欢的作者能说点什么。怎么说才能说到点子上，怎么说才能不胡说呢？这里面可是有学问的。

1.（思考+判断）在前

2010年12月6日20时19分，新浪微博实名认证用户"中岛"发布的一条信息："刚刚得到消息，著名武侠作家金庸，1924年3月22日出生，因中脑炎合并胼胝体积水于2010年12月6日19点07分，在香港尖沙咀圣玛利亚医院去世。"一时间引发网络热论，但真正引发舆论爆炸的是，《中国新闻周刊》官方微博转发了此条信息。随之而来的是，诸多媒体转发《中国新闻周刊》"认证"过的消息，一时间舆论沸腾。

随后，2010年12月6日20时41分，凤凰卫视记者闾丘露薇在其微博上回应"金庸去世"传言，称其是"假消息"。紧接着，《中国新闻周刊》发布两则道歉声明。次日，《中国新闻周刊》副总编辞职，多名相关负责人受到严厉处罚。这其实不是第一次金庸先生"被死亡"了，只不过这一次有专业媒体的"印证"，使得民众一时间从情感上无法接受假新闻带来的情感冲击，因此强烈谴责媒体的失范行为。

新闻出版总署2011年11月10日印发了《关于严防虚假新闻报道的若干规定》（以下简称《规定》）。《规定》要求，记者必须坚持实地采访，不得依据未经核实的社会传闻等非第一手材料编发新闻；开展批评性报道至少要有两个以上不同的新闻来源，并在认真核实后保存各方相关证据，确保新闻报道真实、客观、准确。

2.（结论 + 解释）在后

刘备：为图大事，我漂流半生，苦苦寻找志同道合之人，直到今日，淘尽狂沙始见真金。天可怜见，将二位英雄赐予刘备，备欲同你二人结拜为生死弟兄，不知二位意下如何？

关羽：关某虽一介武夫，亦颇知忠义二字，正所谓择木之禽得其良木，择主之臣得遇明主，关某平生之愿足矣。从今往后，关某之命即是刘兄之命，关某之躯即为刘兄之躯，但凭驱使，绝无二心！

张飞：俺也一样！

关羽：关某誓与兄患难与共，终身相伴，生死相随！

张飞：俺也一样！

关羽：有违此言，天人共怒之！

张飞：俺也一样！

在（思考+判断）之后，关羽张飞都迅速作出了表态。相同的是二人都是旗帜鲜明、真情实意。不同的是，关羽的观点既包含结论，又引经据典。张飞虽然读书少，但是也作出了结论。

新人刚开始写文章，不可能一步登天，可先对所评论的事件或人物尝试写一句话结论，随着见识和阅历的增多，再做到有理有据、出口成章。

1.3.3 如何写出新颖、共鸣、高赞的观点

唐代文学家韩愈《劝学解》有云："业精于勤荒于嬉，行成于思毁于随。"意为做事情成功是因为反复、独立地思考、深思熟虑，而毁于跟随他人，随波逐流。

写文章也是如此，要想写出新颖、共鸣、高赞的观点，可以从以下3方面入手。

1. 反驳不合理的观点

东汉末期，曹操挟天子以令诸侯。孙权手下的谋士大都主张降曹自保，只有鲁肃主张联刘抗曹。但鲁肃自知难以说服孙权和东吴的文臣，特意请诸葛亮来当说客。

东吴的谋士一个接一个地向诸葛亮发难，先后有七人之多，最后都被诸葛亮一一反驳，哑口无言。

"流言止于智者"出自《荀子·大略》，意思是：没有根据的话，会被聪明人止息。在互联网上"舌战群儒"既需要勇气，又需要智慧（表1-6），在日常的训练中需要做到"博学之，审问之，慎思之，明辨之，笃行之"。

表 1-6 反驳不合理的观点举例

普遍流行但不合理的观点	反驳不合理的观点
好的人生，就是不断冲破舒适区	杨毅（"杨毅侃球"主理人）："经常有励志演讲说，人要不断跳出舒适区。坦白地说，我不太认同。一个人能做好的事情并不多，你需要花很多时间倾尽全力去做。绝大多数人在换了一个领域之后会发现，过往的成功、积累的可依靠的经验、建立起的声名，以及别人给你的尊重，都不存在了。人生买的是单程票，不是打游戏不可能重新来。"
自由职业有多爽？一直自由一直爽	王欣（"反裤衩阵地"主理人）："人们对自由职业最大误解就是，你们没有任何压力，过上了退休的慢生活。在做上自由职业之后，我的压力比任何时候都大。以往任何一份职业都有公司托底、可以摸鱼。但自由职业就是手停口停，不努力不得食。不说别的，自我 2015 年开始公众号写作，至今我都是每天早上 7 点准时开始工作，至少工作 10 小时，无论周末与假期，一天都没断过。"
面试题：如何把梳子卖给和尚	王盐："在我看来，这问题背后隐藏的是价值观有问题。一家成功的企业，一定是为用户创造真正价值的企业。坑蒙拐骗的人或许盛极一时，但永远不可能长久。"

2. 抛出两极分化的观点

一直以来，人们对香菜的评价，可谓是两个极端：要么认为它拥有令人愉悦的香味，要么觉得它奇臭无比。在国内，外卖平台调查显示,在各类外卖订单中,"不要香菜"是出现频率最高的。但在线下堂食等场所,反而会听见有人喊"多加香菜"。

如果你在文章中抛出的某个观点也能让"爱之者赞其香,厌之者怨其臭",那评论区一定热闹极了。正如"深夜发媸"主理人徐妍所说:"正向共鸣是别人对你的认同,反向共鸣是别人对你的不认同。认同会带来身份价值的体现,不认同会带来争论,两者都容易产生爆文。"举一个例子,2021—2022赛季NBA总决赛天王山前,张佳玮的观点是更看好勇士队,这一观点会赢得勇士球迷的正向共鸣,赢得凯尔特人球迷的反向共鸣。

3.抓住事物的主要矛盾

毛泽东在《矛盾论》中就主要矛盾作出过深刻阐述:"在事物的发展过程中,有许多矛盾的存在,其中必有一种是主要矛盾,由于它的存在和发展,规定或影响着其他矛盾的存在和发展……捉住了这个主要矛盾,一切问题就迎刃而解。"例如,在知乎上对彩礼问题的讨论大多数浮于表面(表 1-7),而只有抓住主要矛盾的回答让人看了瞬间通透。

表 1-7 抓住事物的主要矛盾举例

多数人只看到现象	少数人看到本质
女方:彩礼要的不是钱,而是男方的一个态度 男方:为什么这么多人要收彩礼,都想着借结婚捞一笔吗	半佛仙人:彩礼问题的核心是4个矛盾 第一个矛盾,是价值对等矛盾; 第二个矛盾,是男女地位的矛盾; 第三个矛盾,小家庭关系和大家庭关系的矛盾; 第四个矛盾,自由恋爱和宗族观念的矛盾

1.4 挖掘故事，丰富人设

✎ 1.4.1 有故事的菜百年传承，有故事的人人见人爱

1. 故事一

时间：1862年。地点：成都。

张三：昨晚我在万福桥吃的豆腐太好吃了！

李四：有多好吃？

张三：又麻又烫，吃得鼻子冒汗，整了好几碗饭。关键价格还便宜！

李四：这道豆腐菜叫啥名字呢？

张三：还没有名字。昨晚到店都快打烊了，店里没什么菜，只剩下几盘豆腐，一点牛肉末，老板娘临场发挥给我们做的这道菜。

李四：万福桥我熟，老板娘是不是脸上有很多麻子？

张三：对，就是陈麻婆给我们做的豆腐菜。

李四：那今晚叫上兄弟大家伙一起吃。

张三：好的。

2. 故事二

时间：2023年。地点：成都。

王五：来成都出差，终于吃到了麻婆豆腐。为什么这道菜叫麻婆豆腐呢？

赵六：因为这种豆腐又麻又辣，老板娘叫陈麻婆。

王五：麻婆豆腐咋做呢？

赵六：我在网上跟"美食作家王刚"学过。这个王刚，从初中毕业到饭店学徒，跑了60多家餐厅学会了几百道菜品，现在已经是2000万粉丝的美食博主。

王五：我看过他的视频，他视频的弹幕都是"宽油劝退"。

赵六：哈哈哈哈哈。

王五：我也给你推荐一个博主叫张佳玮，他写美食文章有汪曾祺的范儿。

赵六：我去看看。

1.4.2 如何让人物立体有层次？

林徽因有句话："爱上一座城，是因为城中住着某个喜欢的人。"我想说，读者喜欢上某个账号，是因为运营账号的那个博主与他志同道合。

理解这个道理之前，我可是走了多年弯路：别人靠一篇描述自己传奇经历的文章涨粉数万，而我埋头写十篇干货粉丝数却不升反降。在研究了不少自媒体后我发现，他们的人设不是单一维度，而是至少从四个维度让人物足够立体生动（表1-8）。

表1-8 四个维度建立人设

人 设 塑 造	展 现 形 式
突出自己比普通人高一截的成就	简介、故事
突出自己比普通人矮一截的出身	简介、故事
突出自己跟普通人相似的毛病	段子、吐槽、故事
突出自己跟普通人不同的特征	头像、标题、观点、故事

以下以罗贯中的《三国演义》为例。

1. 关羽的人设（表1-9）

表1-9 关羽的人设

人设塑造	展现形式
比普通人高一截的成就	白马斩颜良、襄樊擒于禁、杀庞德、威震华夏
比普通人矮一截的出身	逃犯，在逃亡途中卖过枣
跟普通人相似的毛病	骄傲
跟普通人不同的特征	红脸、美髯公、赤兔马、青龙偃月刀、讲义气

2. 张飞的人设（表1-10）

表1-10 张飞的人设

人设塑造	展现形式
比普通人高一截的成就	当阳桥挡曹军，义释严颜，击败张郃
比普通人矮一截的出身	屠夫
跟普通人相似的毛病	脾气暴躁、嗜酒如命
跟普通人不同的特征	丈八蛇矛、皮肤黝黑、粗中有细

3. 刘备的人设（表1-11）

表1-11 刘备的人设

人设塑造	展现形式
比普通人高一截的成就	夺取益州，建立蜀汉，对抗曹操
比普通人矮一截的出身	卖草鞋为生
跟普通人相似的毛病	爱哭
跟普通人不同的特征	双股剑、礼贤下士

1.4.3 天赋低、资源少、起点低的普通人，如何立人设

天赋高、资源多、起点高的人，与天赋低、资源少、起点低的人，谁在互联网上更吃香？现实情况是，两者机会均等，甚至后者更让人有代入感。前提是需要做好以下两点。

1. 靠你的姿态赢得信任

《三国演义》里有一个故事：听说张鲁要来进犯，刘璋束手无策。属下张松自告奋勇前去许都，要说服曹操攻打汉中张鲁，解益州之围。张松原准备把西川地图献给曹操，不料曹操见其相貌猥琐，不予礼遇，还将其乱棍打出。张松在归川的路上，受到了刘备的厚待，刘备亲率全体文武官员出城相迎，并派人医治好了张松的顽疾。感动之余，张松就将西川地图献给了刘备。

以上故事告诉我们：肯放下姿态的人更容易赢得人心。接受记者采访时，半佛仙人说："我的核心竞争力只有一个，讨人喜欢的能力。我以自黑来衬托别人，把自己摆得低一点，但还有一个客观前提是你的心理承受能力达到这样子，不然有的人自损或者是被别人损两句，就接受不了。"

2. 拿你的经历写就故事

《三国演义》中两军对阵，总会有一方主将先喊话："来者何人，报上名来！"如果是赵云出阵，就报上名号："吾乃常山赵子龙也！"而在美剧《权力的游戏》中，"龙母"卡丽熙的自我介绍却长了好几倍："我乃风暴降生丹妮莉丝坦格利安一世、不焚者、弥林女王、安达尔人和先民的女王、七

国统治者暨全境守护者、草原上的卡丽熙、打碎镣铐者以及龙之母！"

那么问题来了，作者自我介绍的头衔是短一些好还是长一些好？答案是：都不如讲一个好故事更让人难忘。

（1）小人物的逆袭故事：读者喜闻乐见

现实中大部分人都是普通人，而一个普通人出身的作者，跟大部分读者的身份近似，利于读者代入。同时一个小人物经过奋斗后的成长，也能使读者获得极大的爽感。

> 粥佐罗写的故事：2014年大学毕业后，他开始北漂生活，住在北京北五环外10平方米的地下室，摆过地摊，做过服务员。之后转行新媒体，从小编做到内容副总裁。
>
> 康健写的故事：2016年开始蓉漂，摆地摊卖过烤猪蹄、鱿鱼，经常和城管斗智斗勇。做过民宿，为客人刷过马桶。用了四年时间终于在成都站稳了脚。

（2）过来人的落魄往事：读者百听不厌

读者更容易对作者苦难的经历产生深深的认同感，毕竟我们大部分人都是平凡人，都不完美。所以要放弃完美的自己，通过故事去回溯自己曾经的苦难和脆弱。

> 张佳玮写的故事："2006年秋天，那是我最穷的时候：她那年刚高考完到上海来，俩人不知算计，稀里糊涂把钱花了个精光。那是个周六的午后，两人没吃早饭，都饿了大半天，就用剩下的钱买了两个肉夹馍，一人一个……我后来吃过的一切，没一样能和当时的肉夹馍相比。"
>
> 杨毅写的故事："我24岁什么样？很少在家，天天

出差，不停地跟人喝，不停地写。打球的都是 2 米的大汉，人家喝多少你也喝多少，我一顿喝过两瓶白酒。我不爱喝，也不能喝，但非喝不可，我还是喝下去了。"

（3）陌生人的善行故事：读者刮目相看

"救猫咪"是好莱坞电影的一个编剧技巧。它的定义很简单，在主角出场的时候，让他做点好事，如救一只猫咪。这个举动定义了主角的形象，同时也让观众喜欢上了主角。

姜茶茶写的故事："十点半回家的路上，遇到一个流浪汉，睡在地上。披着几层衣服和羽绒服睡在地上，北京十月已经快零下了。我去旁边的水果店换了 500 元现金给他。大哥格外地健谈，说在雄安没找到工作，就来北京找工作。结果来北京也没找到工作。来北京之后手机钱包都被偷了。"

王盐写的故事："有一次约女生看电影，女孩路上堵车要晚到一会儿，于是我把两张电影票送给了一对学生情侣——因为他们在售票口站了一会儿还是觉得太贵。我想他们看了电影，应该会很开心吧。"

1.4.4 用你的欲望引人入胜

"你想要什么""美好的生活，普通的东西，很棒的公寓，有趣的工作，有个一起看电影的人"，我在刷微博时看到一位博主分享了《杀死伊芙》的影视截图，立马对这部美剧产生了兴趣。

作家乔希·埃蒙斯说过："大部分引人入胜的人物都想

要得到某些东西，他们想拥有自己没有的（或者认为自己没有的）东西，而且他们为之所付出的努力使他们生动有趣且让人同情。"比如胡辛束、黎贝卡、陈安妮笔下的自己，欲望跃然纸上（表1-12），有利于让读者移情到人物身上去。

表1-12 主人公的欲望和通过努力实现愿望

作 者	欲 望	实 现
胡辛束	2015年7月11日发布推文《我想要两颗西柚》。(I want to see you) 2017年11月6日接受采访时说："我想找个男朋友。"	2022年7月13日公众号推送文章《致30岁：我叛逆地走完了婚姻的第一年》
黎贝卡	在2017年11月15日的推文《木村拓哉，谢谢你让我成为更好的人》中提到："希望有一天能给木村拓哉做专访啊。"	记者：2018年的成绩单里，最"爽"的TOP3是哪三件事呢 黎贝卡：去年做了太多事，但第一件必须是见木村拓哉 记者：见完了木村拓哉，下一个最想见/想合作的人是谁呢 黎贝卡：还是想见他！上一次的采访时间好短，我还不会日语。我要好好学习日语，下一次再见他
陈安妮	陈安妮，10岁，喜欢画画。所有人都跟我说：你成为漫画家的概率只有1% ——2014年12月13日微博《对不起，我只过1%的生活》	奇迹发生了。2013年，我拥有了几百万粉丝。我出了一本畅销绘本。靠漫画稿费支撑了这个家：父母和在读的妹妹 ——2014年12月13日微博《对不起，我只过1%的生活》

第 2 章
吸引读者注意

除非我有一个我感觉让我比较自信的开场白,否则我无法继续写文章。我的意思是,开场白经常会改变,除非我觉得第一句已经被敲定下来,否则我不能继续写第二句。这可能需要几天的时间,甚至几个星期,因为你的开场白将决定整篇文章的基调。

——美国作家大卫·塞德瑞斯

2.1 教你找选题，省时又勾人

刚参加工作的张三回中学找语文老师。

张三：您知道我以前作文分数高，可为什么现在我写微信文章阅读量却很低？

语文老师：你发给我看看吧。

张三发来了微信文章。

语文老师：……你应该听过一句话，题好一半文，建议你针对标题和选题多下功夫。

张三：嗯？这个以前您没教过我呀。

语文老师：是的，以前你写的都是命题作文，选题和标题出题老师早定好了。

张三：嗯。我现在最头疼的事情就是每天想选题，老师您有好方法吗？

语文老师：你可以从以下 3 个方面来想选题——挖掘永恒热点、借势实时热点、企划系列连载。

2.1.1 挖掘永恒热点

1. 什么是永恒热点

四川大大小小的川菜馆，菜单上总缺不了一道菜：回锅肉。这道菜的食材一年四季都有，而且因为超级下饭，所以翻牌率很高。很多饭店招募厨师，少不了测试做回锅肉的水平。

那么问题来了，什么是永恒热点呢？永恒热点就像回锅肉这道菜一样，在任何时候拿来做选题都是流量保障。

2. 哪些文体适合用永恒热点做选题

科普文、干货文、鸡汤文、访谈文。

3. 在哪里寻找永恒热点

参考相同领域账号、知乎相关话题、相关领域书籍。

4. 各个领域都有哪些永恒热点

永恒热点属于被读者高频搜索或关注的话题（表2-1）。

表 2-1 部分领域的永恒热点举例

领 域	永 恒 热 点
情感	圈子太小，如何脱单？
	男朋友太黏人了怎么办？
	分手之后如何快速走出来？
职场	面试应答有哪些话术和技巧？
	被提拔成小主管后如何提升自己的管理能力？
	如果你被公司裁员，你会如何面对？
时尚	有什么适合素颜的口红？
	女生如何选择优雅有品位的职业装？
	有哪些便宜又好看的包包？

📝 案例 2-1

知乎网友提问：去医院看病是挂普通医生的号还是副主任的号？哪个更好些呢？

以下是 @Dr 老爸的育儿经的回答：

我是儿科副主任医师，所以我来说一下吧。

如果是"感冒",那么找我,或者找一名主治医师,或者找一名规培医生,差别都不是太大。

有人会说,"感冒"也可能出现其他变化,成为重症,甚至危及生命。正常情况下,在疾病早期,医生一般也预计不到。因为我们是医生,不是算命的,更不是神。

当然,我做了这么多年医生,还是有点经验,对于某些领域,也有那么一点点研究,对于某些问题,和其他医生比较起来,或许是有那么点差别。

个人认为,年龄40岁左右,三级医院,临床经验丰富,看病多半是靠谱的,但这也不是绝对的说法,毕竟自己对别人也不了解。

还有一个办法就是看医生在医院内部的口碑,如果医院内部的医护或家属都找这个医生看病,那这个医生多半是靠谱的。不过这是内部机密,外面的人一般了解不到。

佩弦:在知乎上做医学科普,同一个回答下大多数答主也是医生,你认为除了专业性外,还有哪些因素能帮助你的回答获得更多赞同?

王宇:技巧肯定是有的,不过需要自己慢慢摸索,才能深刻体会,运用自如。我就简单谈谈我自己的看法,抛砖引玉。翻译家严复提出了"信达雅"的原则,他说:"译事三难:信、达、雅。求其信已大难矣,顾信矣不达,虽译犹不译也,则达尚焉。"医学科普其实也可以看作是一种翻译,将学术语言翻译为日常语言,所以,我也从信达雅这三个方面来讲述。

①信。就是要准确,这是基本要求,科普文可以为了通俗易懂而放弃学术文章咬文嚼字的苛刻要求,但意思的表达仍然要准确。以典型的学术语言为例:目前尚无充分证据表

明反季节蔬菜与性早熟之间存在相关性。将它翻译成日常语言：科学家们做了大量研究，也没能证明食用反季节蔬菜能引起儿童性早熟，所以大家对这事儿不要太焦虑。这种表达就叫作"信"，虽然都是大白话，也能准确反映原文的意思。但是，如果这样写：反季节蔬菜肯定不会引起性早熟，那就背离了原文的意思，显然是错误的。

②达。这是指不拘于形式。换句话说，就是要让大家能读懂。同样看前面的例子，将学术语言翻译成大白话后，大家是不是觉得很好理解，一读就懂？所以，这就叫作"达"。不少科普文中专业名词满天飞，语言佶屈聱牙，大众都不愿读。

③雅。这一点可以理解为"文采"，这就是很高的要求了，我也做不到。不过，我有时会玩点"冷幽默"，这符合我平时的风格，相对容易做到，大家也可以根据自己的风格与特长来写出自己的"雅"。

佩弦：谈谈你写这篇文章的目的和心得？

王宇： 作为一名老医生，我对医疗行业的了解当然超过大众，所以对"基础病也要抢专家号"的做法非常不认可，在写作时，我力求表达"患者很难真正知道给你看病的医生水平究竟如何"这一看法。我相信，读者们应该本来就隐隐意识到问题所在，读完后也明白我的观点，与自己潜伏于脑海中的看法相一致，所以能引起共鸣。

但是，我并不是引导大家去迎合读者，虽然有很多人这样做，也获得了成功，但这种做法是短视的，没有灵魂的博主或许能取得一时的成功，但终归昙花一现。

📝 2.1.2 借势实时热点

1. 什么是实时热点

川菜馆的菜单还有一道菜：炝炒时蔬，这道菜的食材随季节变化，这道菜在春天是炝炒豌豆尖，夏天里是炝炒空心菜，在秋天是炝炒莜麦菜，在冬天是炝炒红油菜。

什么叫实时热点呢？实时热点就像炝炒时蔬这道菜一样，只有在特定的时间点才能产出，网友只在某几天或某几周对某些事件和话题感兴趣。具体包括突发事件、行业新闻、节日、节气、忌日、热歌、热综、热剧。

2. 哪些文体适合用实时热点做选题

时评文、影评文、书评文。

3. 在哪里找实时热点的选题

对社会热点感兴趣的话，可以关注百度、微博、知乎、小红书榜单，对行业热点感兴趣的话，可以关注垂直网站。

4. 实时热点有哪些注意事项

该新闻的热度够不够高？要看该新闻的关注度、讨论度够不够高。

该热点属不属于你、这个热点是不是你的受众所关注的、是不是你所擅长写的？

你追热点的速度够不够快？一旦热点爆发，作者要像消防员接到火警报警一样迅速响应。

举一个例子，每年在苹果发布会结束以后，@天才小熊猫都会以搞笑的形式总结发布会（表 2-2）。

表 2-2　超级小熊猫历次苹果发布会追热点

苹果发布会开始时间	@天才小熊猫 微博发布时间
北京时间 2022 年 9 月 8 日 01:00	2022 年 9 月 8 日 11:10
北京时间 2021 年 9 月 15 日 01:00	2021 年 9 月 15 日 12:55
北京时间 2021 年 4 月 21 日 01:00	2021 年 4 月 21 日 11:04
北京时间 2020 年 10 月 14 日 01:00	2020 年 10 月 14 日 11:27
北京时间 2020 年 9 月 16 日 01:00	2020 年 9 月 16 日 12:19
北京时间 2019 年 9 月 11 日 01:00	2019 年 9 月 11 日 14:01
北京时间 2019 年 3 月 26 日 01:00	2019 年 3 月 26 日 12:39
北京时间 2018 年 9 月 13 日 01:00	2018 年 9 月 13 日 12:00
北京时间 2018 年 3 月 27 日 23:00	2018 年 3 月 28 日 14:56
北京时间 2017 年 9 月 13 日 01:00	2017 年 9 月 13 日 10:38
北京时间 2016 年 9 月 8 日 01:00	2016 年 9 月 8 日 11:57
北京时间 2016 年 3 月 22 日 01:00	2016 年 3 月 22 日 12:23
北京时间 2015 年 9 月 10 日 01:00	2015 年 9 月 10 日 14:06
北京时间 2015 年 3 月 10 日 01:00	2015 年 3 月 10 日 14:20
北京时间 2014 年 9 月 10 日 01:00	2014 年 9 月 10 日 14:04
北京时间 2013 年 9 月 11 日 01:00	2013 年 9 月 11 日 10:48

📝 案例 2-2

知乎网友提问：怎么看待浙江大学医学教授沈岳良说吃五花肉不长胖，只有吃米饭才长胖？

以下是 @芝麻酱的回答：

我看到这个问题马上去抖音搜索原视频，我不相信一个医学教授能说出这种话，果然是被人断章取义了！原视频只是想纠正那些为了减肥完全不吃肉，以及不清楚糖过量危害的人，而且视频里明确指出了五花肉吃多了也会长胖！根本没有说什么吃五花肉不长胖只有吃米饭才长胖！

其实糖和脂肪在知乎已经有很多科普文章了，作为注册营养师我再给大家总结一下。

①不管是认为"只有吃肉才会长肉"还是"只有吃糖才长肉"都是错的，糖和脂肪吃多了都会长胖，脂肪和糖都是人体必要营养物质，都不能不吃，但也都需要控制好量。

②中国居民膳食指南对于脂肪和糖的摄入量建议：脂肪供能比应该占一天总能量的20%～30%，其中饱和脂肪供能比应该低于10%，反式脂肪供能比低于1%。也就是每天不超过30克烹调用油，不超过2g反式脂肪。

碳水供能比为50%～65%为宜，应该减少精细碳水，增加粗粮碳水，减少添加糖摄入，添加糖供能比最好不要超过10%，也就是每天添加糖不超过50g，最好不超过25g。

③我国居民脂肪摄入量普遍超标，大部分人应该少吃脂肪，尤其是少吃饱和脂肪（所以五花肉还是不能多吃）。只有对少数极端减肥、完全不吃脂肪的人来说，需要增加脂肪摄入。

④我国居民的碳水总摄入量在正常范围，但碳水的组成结构非常差，碳水种类过于精细，90%为精米精面，全谷物所占比例严重不足，应该减少精白米面，增加全谷物摄入到占全部碳水的三分之一左右。

佩弦：网上每天都有很多热点，你一般选择热点的标准是什么？

肖瑶：我概括为"这是我的专业领域＋我对这个事有话要说＋别的回答我都不满意，甚至有很大意见"，我的很多高赞回答都是这样来的。

当我刷到一个跟我的专业相关的热点的时候,我会全面看一看这个问题,看看问题下目前已经产生的回答,尤其是高赞回答,以此判断我是否要回答这个问题,以及我的切入角度。

什么叫全面看一看这个问题呢?我如果对这个问题有兴趣,我不仅要看问题的标题,还要看描述,如果描述里带有链接的话也要点开看看,如果有提到的关键事件或者资料还得立刻去搜索一番——不仔细看题目就随意作答,很容易答错或者答不好。

好好读题,这一步看似简单基础,实际很多人是不会做的,就像开车前要绕车一周一样,是写在教科书里的必要步骤,但现实中很少有人真的做到。

在这篇回答里,我在读题的时候就很疑惑,一位德高望重的医学教授怎么会说出这样不符合科学的观点呢?于是我当即搜索了原视频,然后在我有了自己初步的判断和结论后,再快速看一看现有回答,都提供了哪些视角、讲了哪些观点、我是否认同,或者对我有没有启发。

一般来讲如果是我的专业领域内的事情,遇到已经有人回答得很好且让我无话可说的话,我会点个赞。相反,当这个问题下没有什么有价值的回答,甚至现有的高赞回答让我觉得有错误,那就是我出场的时候了。在这种情况下,我的创作欲高涨,迫不及待地想表达我的观点了,那写作就是水到渠成的事。

佩弦:如果热点出来后,知乎上有 2 个相似提问,一个回答人数在 200 人左右,一个回答人数已经超过 1000 人,你一般更倾向选择哪一个?为什么?

肖瑶:要看具体情况,影响因素很多,不能单纯看回答人数。比如，这个问题现在是否处在上升期？举个例子，假设1000人回答的问题，最新回答发布于1小时前，此后不再有新增回答，而200人回答的问题下，最近一小时内新增了好几个回答，而且高赞回答的赞同人数正在快速增长，那么可以判断这个问题的活力更大。

还有更简单的判断依据——这两个问题有没有上首页推荐。如果有的话那毫无疑问选择正在热榜上的问题作答。

佩弦：当时写这篇文章用时大概几个小时？你平时会做哪些素材搜集或知识储备来提高写作的效率？

肖瑶： 我记不清了，反正挺快的，第一次从写作到发布可能就十几分钟吧，因为前面说了，这篇回答是我在审视完题目后、在极强的表达欲下一气呵成的，看完题目，尤其是原视频后，我的观点就已经形成了，剩下的操作就只是把我想说的话说出来罢了。

需要什么论据就去找，需要引用原视频就去截图，需要专业背书就去找相关资料引用，你要想说服别人就要让人家一眼就看懂，把你的论点、论据直接摆出来，这就叫有理有据。

至于我的知识储备，作为一个写了多年科普文章的注册营养师，我自己专业内的基本知识储备肯定是需要平时多看资料多学习积累的，不能遇到回答再临时学知识，那样是来不及的，会很吃力。我建议大家在写回答的时候专注于写自己了解的领域就好，不要强答，我遇到超过自己能力范围的问题也不会去强答。

2.1.3 企划系列连载

1. 什么是系列连载

川菜还有一些系列菜，比如我最偏爱的火爆系列——火爆腰花、火爆肥肠、火爆猪肝、火爆郡肝、火爆脆肚，这一系列菜主料都是猪的内脏，辅料离不开仔姜、二荆条、葱白，调料少不了郫县豆瓣酱，一定得油多火旺、急火快炒，方能保证成菜口感脆嫩。

什么叫系列连载呢？系列连载就像系列菜，有统一的口味、相同受众，内容之间稍有变化（如每期嘉宾更换、每期故事不同）。

2. 哪些文体适合系列连载

访谈文、科普文、干货文。

3. 有哪些系列连载

自媒体一旦有了特色栏目就能持续吸引相关读者，林安、张佳玮、同道大叔都有自己的系列连载（表2-3）。

表2-3 系列连载举例

账号	栏目名称	栏目描述
林安的会客厅	100个不上班的人	"100个不上班的人"是由林安独立发起的人物采访计划。通过采访那些脱离了朝九晚五工作制度的自由职业者/斜杠青年/独立创业者/数字游民，展现主流之外的N+1种人生选择

续表

账　号	栏目名称	栏目描述
张佳玮	30天30队	2008年张佳玮刚开始写这个系列的时候，叫"30天30队，观看××队的十个理由"，当时在意的，是每个球队的冷看点或偏门槽点
黎贝卡的异想世界	100个中国女孩的家	通过走进100位中国女孩的家里，记录不同风格、不同身份的女性的美好空间与态度主张，也为大家提供更多元的生活可能性
同道大叔	大叔吐槽星座	2014年6月2日在微博征集对天秤座的吐槽，出了#大叔吐槽星座#系列第一篇：天秤座。之后推出这一系列，吐槽××星座在恋爱中、生活中的不同缺点和优点

2.2　教你写标题，省力又吸睛

2.2.1　当我们在写标题时，我们该传递什么

其实写新媒体标题跟小区广播类似，既要传递好信息，又要用情感、利益触动人。

当我们在写标题时，至少要传递以下两点信息。

1．概括文章内容

写标题需要用有限的字数准确概括文章内容。比如《三

国演义》第一回全文共 4697 个字，用"人物＋地点＋事件"总结成"一句话故事"，标题就出来了："宴桃园豪杰三结义　斩黄巾英雄首立功"。标题字符大多是由文字组成，配合数字能起到更好的说明作用。例如，这里的"宴桃园豪杰三结义"，以及"美髯公千里走单骑　汉寿侯五关斩六将""驱巨兽六破蛮兵　烧藤甲七擒孟获"。

概括文章内容除了要准确外，还要注意把信息量写充分。正如萝贝贝所说："给纸媒写稿的话，我会更克制收敛，喜欢短一些、有意境，让你一下子看不出来说什么内容的标题。但在新媒体的环境里我会有妥协，把标题信息量写充分。"

2. 引起"七情六欲"

清朝道光年间，福州官钱局的官员宴请福建布政使周莲。席间有道菜，是用鸡、鸭、羊肘、猪蹄、排骨、鸽蛋等以慢火煨制成的。周莲吃后很满意。回家后即命厨师郑春发依法仿制，在原菜基础上，减少了肉类用量，又加入了多种海鲜，使成菜内容更加丰富，鲜美可口。后来，郑离开布政使衙门，到福州东街上开了一家"三友斋"菜馆，在一次文人聚会的筵席上送上此菜。文人们品后纷纷叫好，有人即席赋诗曰："坛启荤香飘四邻，佛闻弃禅跳墙来。"从此，这道菜就叫作"佛跳墙"。

"佛跳墙"这道菜的命名运用了夸张手法，激发了食客的口腹之欲：佛家都为此破戒的美食，谁不想尝一尝呢？

《礼记·礼运》有云："饮食男女，人之大欲存焉。"泛指人类对食物、性爱的欲求与本性。我们在写标题的时候，如果能通过一句话触动读者的七情六欲，文章点击率会显著提升。

比如《西游记》里的标题：

第二十七回　尸魔三戏唐三藏　圣僧恨逐美猴王
第七十二回　盘丝洞七情迷本　濯垢泉八戒忘形

2.2.2 只需两步，让你的标题不拖文章后腿

话剧《恋爱的犀牛》中有句台词："如果你爱一个人 10 分，而你只能表达出 1 分，还不如你爱一个人 1 分却表达出 10 分。"同理，如果你的文章内容有 8 分水准，而标题只有 5 分，那么即便文章再出色，标题也会"拖后腿"。

要想解决以上问题，你除了通过建立"标题库"以备不时之需外，还需要拥有一个构思标题的技巧，它只要两步，让你写标题又快又好。

1. 先考虑标题句式

大多数人想标题第一步是先考虑用词，但是我建议先考虑标题句式，因为句式一旦确定下来，大方向就有了（表 2-4）。

表 2-4　不同的文体对应不同的句式

应用文体	标题句式
时评文、访谈文、故事文	一句话故事
时评文、书评文、影评文、鸡汤文	观点
时评文	段子
干货文、故事文	概括句
鸡汤文、访谈文、书评文、影评文	金句
故事文、影评文	俏皮话
时评文、科普文、干货文、书评文、影评文	问句
鸡汤文、时评文、干货文、故事文	对比句
书评文、影评文、干货文	感叹句

2. 再考虑标题用词

确定好句式以后，再选择词语搭配成句子（如表 2-5 词的不同属性所示），确保标题信息量充分、噱头十足。

表 2-5　词的不同属性

词的属性	示　　例
相关词	人称代词（你、我、他）、北京人、广告人、"90 后"、双鱼座、男生、女生
流量词	C 罗、詹姆斯
痛点词	学习效率低、牙疼睡不着
生理词	火锅、毛肚、牛肉
心理词	不看后悔、今天就删、不转不是中国人
概括词	水浒 108 将、世界杯 32 支球队
感叹词	我的天、哇塞

2.3 教你做封面，省心又引流

2.3.1 新媒体封面怎么做？答案都藏在杂志里

我们先来做一道单选题。

假如今年公众号要更新 100 篇文章，光封面就要做 100 个，你会如何应对？

A. 每次写完文章后再用 Photoshop 做一个封面，平均耗时 40 分钟。

B. 每次从秀米编辑器的封面模板库里挑一个，改字就行，平均耗时 5 分钟。

C. 提前选定封面视觉锤，每次做的时候只用考虑封面文案和版式，平均耗时 15 分钟。

正确答案：C

解析：

选项 A 费时费力，选项 B 最省时省力，但共同问题是，这 100 个封面无法形成连锁效应。

你想想过去的杂志（表 2-6），每期封面既存在增强杂志辨识度和提升读者记忆点的视觉锤，又存在让读者了解本期内容的元素和信息。

表 2-6　杂志封面特点

杂　　志	重复不变的视觉锤	每期变化的信息元素
《读者》	刊名、版式	人物/动植物照片或插画
《科幻世界》	刊名、版式	科学幻想题材的画稿、标题
《商界》	刊名、版式	企业家照片、标题
《意林》	刊名、版式、绿色背景	人物/动植物插画

因此，做新媒体封面要向杂志学习，既要传递好当期内容，做一些变化，又要有重复不变的视觉锤，让若干篇文章的封面产生连锁效应（表 2-7）。

表 2-7　新媒体封面特点

公　众　号	重复不变的视觉锤	每期变化的元素
胡辛束	胡辛束 Logo	情感电影剧照
深夜发嫖	徐妍照片	产品照片、文案
刘润	蓝色背景和 Logo	文案和背景图
同道大叔	原创十二星座 IP	场景、文案

2.3.2 只需两步,让你的封面不拖文章后腿

封面是一篇文章流量的入口。如何通过封面带来更多精准的用户呢?在研究了上百个自媒体后,笔者把做封面的思路总结成以下两步。

1. 先确定封面样式

绘画的步骤是先勾勒出轮廓,然后才是画细节。同理,设计封面也要先选定封面样式再考虑细节(表 2-8),由此才能缩小选择范围。

表 2-8 不同的文体对应不同的封面样式

应用文体	封面样式
时评文、故事文、影评文、书评文、鸡汤文、访谈文	主体式
科普文、故事文	对比式
时评文、影评文、书评文	截图式
干货文	集合式

比如"姜茶茶"公众号的封面,为了突出对比效果,采用了对比式封面(图 2-1)。为了突出内容的真实性,采用了截图式封面(图 2-2)。

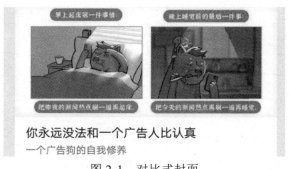

图 2-1 对比式封面

图 2-2 截图式封面

2. 再放上视觉锤并补充信息

作者照片、原创漫画、代表颜色都属于视觉锤,封面放上视觉锤能增强账号辨识度和读者记忆点(表 2-9)。

表 2-9 视觉锤类型

视觉锤	示例
作者照片	深夜发嫖公众号封面经常出现徐妍的照片
原创漫画	姜茶茶公众号的封面经常出现广告狗漫画
代表颜色	王盐小红书的封面背景色一直是绿色

第 3 章
争取读者停留

在中学读书的时候,先生向我们说:"做文章,开头一定要好,起头起得好,方才能够抓住读者的注意力。结尾一定也要好,收得好,方才有回味。"我们大家点头领会。她继续说道:"中间一定也要好……"还未说出所以然来,我们早已哄堂大笑。

——张爱玲

3.1 点：文章的血肉

一篇文章由若干字、词、标点构成，搭配若得当，读者的阅读体验便如饮甘泉，搭配若不当，便如吃生饭。那么如何处理文字细节呢？

3.1.1 减少读者阅读的障碍点

"碱水面没有过冷水，所以这碗面有碱水味。鱼蛋也没鱼味，但你为了掩饰，故意加点咖喱汁把它变成了咖喱鱼蛋。这样做，你太天真了。因为你烹调的时间不够，咖喱的味道只留在表面没有入内，被汤一泡就冲走了。好好的一颗咖喱鱼蛋，你做的既没鱼味又没咖喱味，失败！萝卜没挑选过，渣太多，失败！猪皮煮得太软没嚼劲，失败！猪血太松，一夹便散，失败之中的失败！最惨的就是这些大肠，里面没洗干净，还有块屎，你怎么搞的？"

上面这段话来自电影《食神》，周星驰饰演的史提芬周尝了路边摊的杂碎面后，"机关枪"式地吐槽。

食材需要经过择菜、清洗、改刀、煮熟等工序加工后才能端上桌，而给读者在手机上看的文字信息也需要经过诸如"长句子改成短句子""内容不超越读者的认知范围""用类比解释术语"的处理，才能让读者一看就懂、不费脑力。

1. 喂饭理论

公元 1079 年，苏轼被贬为黄州团练副使，作为一个吃货，他也面临普通人的困惑，没有钱，还想吃好的。怎么办呢？黄州猪肉便宜，黄州人不大会做，于是苏轼研制了一种猪肉的做法，成为后世流传的"东坡肉"。苏轼还写了一首诗，可以说是苏轼最"土"的一首诗，没有精致的语言、美丽的意象，只是用大白话加上短句，叙述了做"东坡肉"的过程：

> 净洗铛，少著水，柴头罨烟焰不起。待他自熟莫催他，火候足时他自美。黄州好猪肉，价贱如泥土。贵者不肯吃，贫者不解煮，早晨起来打两碗，饱得自家君莫管。——《猪肉颂》

信息这些东西，就像是饭，你一口一口喂给读者吃，他咽下一口就消化一口。但是我们要是一股脑儿把三四口的量都塞给读者，读者肯定消化不了。

2. 半步理论

"六神磊磊读金庸"主理人王晓磊说过一个半步理论，就是说你的内容，不多不少领先读者半步。打一个比方，你跟你读者一起登山，你比他只领先半步，不远也不近，走在他的前面。你大概知道什么知识是他知道的，什么知识是他不知道的，领先他一点儿就好了。不要跑到很远的山顶上面跟他说"来吧，这个特别牛"，当然也不能落在他的后面。

3. 基模理论

认知心理学认为：人无法接受完全陌生的新概念，除非能找到基模。例如，爱因斯坦当年在科普"相对论"时，就用了"美女""火炉"这类大众熟悉的概念作基模："一个男人和美女对坐一个小时，会觉得似乎过了一分钟，但如果让他坐在火炉上一分钟，那么他会觉得似乎过了一个小时。这就是相对论。"

案例 3-1

知乎网友提问：人力资源管理是个没含金量的工作吗？

以下是 @ 菲凡的回答：

从报酬的角度讲，人力资源管理是非常有含金量的工作。

15 年前，我刚入职做人事总监助理，看到交接文件夹里有月工资文件，兴奋不已。

午饭后，我趁身边没有人，打开薪资明细表，快速浏览熟悉同事的工资，搜索到我上司的名字，看到数字，我感觉头皮发麻，眼睛发涩，嗓子发干，用力揉揉眼睛，用手指点着屏幕上的数字，再数一遍。

因为职位特殊，我刚毕业就能够看到全公司的薪资信息，当时的心情五味杂陈。心想你有多大本事，赚这么多钱？事实上后面接触的 5 年，才真正意识到，顶级 HR 真的很厉害。

她能让部门所有人全情付出，尽力把所有事情做到最好，高级经理们都很有归属感和信念感。说白了，她能赢得人心，提高部门敬业度。

她能让离职员工念念不忘，回想起公司的文化，那是一段令人难忘的旅程，不一样的职场体验，让你觉得被认可、被看见、有价值。

她在年会上让总裁、高管、全体同事潸然泪下，因为她策划的节目让每个人都彼此看到点滴的付出，让每个人都在那一刻感觉为了公司的事业付出都值得。

HR 就是让所有员工有使命感，在企业价值观和文化框架下，实现企业战略目标。

顶级的 HR 所拥有的高超管理能力，对人性的把握能力，令人叹为观止。

一、我为什么要做 HR

我本科是制药工程专业,研究生是旅游管理专业,2007年毕业至今从事人力资源管理工作。但是刚刚毕业的时候我甚至不知道 HR 是什么。

从事这个工作是机缘巧合也是在职场不断尝试碰撞出来的方向。我研二在上海先工作了一年,前后换了三份工作。第一份工作是咨询行业的涉外秘书,第二份工作是地产行业店址调研专员/CEO 助理,换第三份工作的时候,我刚刚毕业,顺利加入一家知名的英国500强,作为人事总监助理,开启了我 HR 生涯。

第一份工作的公司规模很小,对职场没有很具体的概念,迷迷糊糊的状态;第二份工作是一家管理很规范的外企,我担任店址调研专员和 CEO 助理,因为工作性质,要经常出差开展店址调研,当时我就明显感觉我不喜欢飞来飞去和数据系统模型打交道的工作。事实上,我还是更喜欢与人打交道。我开始思考,我到底适合什么工作?

三个月后,公司业务调整,我上了裁员名单,公司派 HR 和我进行了非常专业的谈话,给了我两个月缓冲期找工作,另外给了非法定的四位数的赔偿金,我淡定地签字、确认、拿钱、走人。

就在裁员当天,我开始对 HR 有了特殊的感觉,因为负责和我沟通的 HR 非常专业,即便是不好的消息也让我很舒服地接受,没有怨念。裁员的谈话,表达公司决定的无奈,还提到未来公司业务好转,欢迎回来。

通过思考我所经历过的职业和接触到做不同职业的同事,从市场部、营运部、财务部、客服部到地产取得、调职调研、地产开发等,心里逐渐确定,我其实适合做 HR。

二、人力资源是做什么的

HR 对于很多门外汉来说充满神秘色彩，作为从业十年的老司机，历任招聘经理、员工关系经理、薪酬福利高级经理、人力资源合作伙伴……分享下我对 HR 工作的理解。

就给大家讲讲 HR 到底做什么？哪些岗位有发展"钱"景？HR 的具体工作是什么？

你或许会问，专业出身重不重要？非科班专业，可以做 HR 吗？可以啊。在我认识的海量 HR 中，什么专业的都有，心理学、机械、化工、英语、中文、计算机、数学、金融……无论大家是如何起步的，最起码市场上 HR 的从业现状可以告诉你，专业真的不重要。

那么你最大的疑问就是 HR 赚钱多吗？作为自身薪酬福利专家出身，我可以分享下市场数据给大家参考。

一线城市 HR/Marketing/Finance 这三个支持部门起步工资不如程序员，但做到三五年后经理级别或总监级别后，就会超过 IT 项目经理/总监相关职位的。

你可能会问：行政为什么没有放到三大支持部门里面啊？行政也属于支持部门，但是发展空间真的有限，和 HR 没法放到一起相提并论。

人力资源管理六大模块，是通过模块划分的方式对企业人力资源管理工作所涵盖的内容进行的一种总结。具体包括人力资源规划、招聘与配置、培训与开发、绩效管理、薪酬福利管理、员工关系管理。

为了让你更立体地了解 HR 到底是做什么的，我还是用现在最流行的概念和说法来展开——HR "三驾马车"——也就是 HR 三支柱模型，从职能导向转向业务导向，要求 HR 要像业务一样运作，于是对 HR 组织进行了重新设计，将 HR 的角色一分为三，即 HR "三驾马车"。分别是 HR BP, HR-COE 和 HR SSC。

1. HR BP（HR Business Partner 人力资源业务合作伙伴）

HR 的业务伙伴，确保业务导向，贴近业务配备 HR 资源，一方面提供统一的服务界面，提供端到端的解决方案；另一方面"将指导员配到连队"，HR 流程、方案的执行者。贴近业务，协助业务解决问题，使人力资源部门实现业务导向。结合 HR-COE 的各项框架设计，形成适合当地业务的解决方案，并且实现方案落地。

HR BP 就是 HRD(HR Head) 的排头兵，什么都懂，未必都精通。因为 HR BP 会全权负责不同事业群（Business Group）所有 HR 相关事务，HR BP 就是事业群的 HR 的唯一窗口，既有实权又没有实权，协调所有 HR 相关事情，推动事业群效能的提高，要搞得定事业群老大，能推进 HR 相关政策方案，可以帮助事业群进行人才梯队建设、绩效考核管理、薪资调整和奖金发放等工作。可以说是市场上 HR 领域里面相对高大上的职位。

目前市场上经验丰富的能够懂业务的真正 HR BP 的年薪确实非常可观，那么怎么成为这么洋气的狠角色呢。可以从某个模块的负责人转型，也有的是从 HR Operation 转型，还有的就是开始从公司的 HR Generalist 做，那么就是 HR 的通才，自然转型成为 HR BP。

2. HR-COE（Centre of Excellence or Center of Expertise 人力资源专业知识中心或人力资源领域专家）

定位：HR 的领域专家，建立 HR 专业能力，提升公司人力资源政策、流程和方案的有效性，并为 HR BP 服务业务提供技术支持。通常扮演如下几个角色。

设计者：运用领域知识设计业务导向、创新的 HR 的政策、流程和方案，并持续改进其有效性。

管控者：管控政策、流程的合规性，控制风险。

技术专家：对 HR BP/HR SSC、业务管理人员提供本领域的技术支持。

COE 更属于战略层面角色，统筹总公司和各子公司政策、流程、方案的一致性，并进行风险管控。比如，销售类人员提成制度、运营类人员绩效考核及奖金体系，等等。再比如，劳资纠纷升级所需要的 HR 风险管控，需要员工关系专家解决。

COE 的属于专家级别，思维缜密，能够全盘考虑问题，学习法律、数学、统计等人才都可以往这个方向发展。

3. HR SSC（Shared Service Centre 共享服务中心）

定位：HR 的标准服务提供者，确保服务交付的一致性，提供标准化、流程化的服务，使主管和 HR 从操作性事务中释放出来，提升 HR 整体服务效率。通常扮演如下几个角色。

员工呼叫中心：支持员工和管理者发起的服务需求。

HR 流程事务处理中心：支持由 COE 发起的主流程的行政事务部分（如发薪、招聘）。

如果你起步就进入了 HR SSC，那么很遗憾地告诉你，基本上你就到天花板了，因为 SSC 都是重复性工作，比如年假查询答疑，或者工资计算答疑，这些都是实际操作性质的工作，含金量都不高，但是如果你是希望有稳定的工作，不要太高的收入，那么 SSC 的工作还是属于高枕无忧的。

佩弦：写这篇文章当时你的情况是什么？

王琳：我想写一篇非常接地气的、可读性比较强的文章来介绍人力资源的工作。而且目前 HR 其实在市场上被诟病得比较厉害。

知乎网友的这个提问就非常好,"没有含金量"这种绝对的口吻,有强烈的感情色彩,也激发了我写一篇文章来介绍 HR 是什么职业的想法。

佩弦:写作前你有哪些思考?做了哪些准备?

王琳: 我把我个人对 HR 的理解,用最通俗易懂的词汇介绍给大家。那么不管是 HR 从业者,还是对 HR 有意见的职场人士,都能理解到:HR 的工作不仅仅是裁员谈话,这是一份职业,而且收入不菲,不是高人一等,也不是低人一头,它就是一份职业。HR 要平衡公司、领导和个人的价值观,做好这个职业确实需要一定的智慧。

佩弦:文章发布后的数据和你的总结是什么?

王琳: 其实这个文章的赞不过 300 多,评论 10 条。但是我的目的达到了,我希望有人去知乎搜索人力资源这个工作是什么,不仅看到很多负面的吐槽,而是能看到一些实操层面的中立的描述,不要轻视任何一份职业,那么对我而言就足够了。

3.1.2 设置文章持续的兴奋点

要做饭,盐、酱油、醋是最基础的配置。但单一的味道很难取悦味蕾,我们喜欢吃更"复合的味道"。餐馆里的美食之所以让我们回味无穷,往往就是因为这复合的味道。厨师会按照不同比例混合多种调味品,让每一口都富有层次。例如,重庆小面就会加各种调料:油辣子、酱油、醋、小葱、芝麻酱、榨菜、鸡精、姜蒜水、花生粒、猪油、味精、菜油、花椒面。

写文章也是这个道理，有经验的作者会通过故事、段子、金句、表情包等进行多元刺激，让读者不知不觉就把几千字的文章滑到文末，读完后还有一种五味杂陈、笑中带泪之感。

举一个例子，为什么粉丝爱看深夜发媸写的东西？

粉丝甲哭了：她理解我。

粉丝乙乐了：她太逗了！

粉丝丙叫了：她懂得太多了！

📝 案例 3-2

知乎网友提问：《流浪地球》里为什么大家都吃"蚯蚓干"？营养价值高吗？

以下是 @芝麻酱的回答：

当我看到这个情节时我就暗暗点头——这电影还挺靠谱。

跟雪国列车中吃蟑螂类似，其实，蚯蚓也是一种新型食品。蟑螂、蚯蚓，以及其他可食用昆虫，都是非常好的食品，全球范围内相关的食品研究和产品开发早已有之，还比较热门。

严格从生物学分类来说蚯蚓不是昆虫，不过在这里我要把蚯蚓和其他昆虫混为一谈。以蚯蚓、蟑螂为代表的虫子类，营养价值高，尤其是蛋白质含量高，还是优质蛋白质，另外还含有碳水、脂肪、矿物质等，是很有价值的生物资源。

昆虫们生长周期短，饲料转化率高，饲养条件简单，是非常高效的生产蛋白质的方式。蚯蚓吃的是土（腐殖质），长的是蛋白质，实属厉害。

蚯蚓的营养价值

新鲜蚯蚓蛋白质含量占20%以上，干品可高达50%～70%，含人体必需的8种氨基酸，必需氨基酸种类齐全，基本符合世界卫生组织规定的优良蛋白质中必需氨基酸含量应占氨基酸总量40%的标准。蚯蚓油脂含量在5%～8%，其不饱和脂肪酸含量高，饱和脂肪酸含量很低。不饱和脂肪酸可以调节人体血脂，预防和治疗因高血脂引发的心脑血管疾病，还有调节血糖、延缓衰老、抗癌等功效，可以作为研发新型保健产品的优质原料。

蚯蚓含丰富的微量元素，但种类与含量会随着生长环境或养殖条件的不同而有所变化。蚯蚓富含硒，还含有丰富的维生素B1、B2。

蚯蚓是吃腐殖质的，土越"脏"，蚯蚓越肥，这种特性被人类利用，蚯蚓还可以用来分解生活垃圾。

在《流浪地球》电影里，地球环境已经严重恶化，普通的种植业和养殖业缺乏草本饲料，也缺乏养殖大型动物的场地，到那时，昆虫作为一种重要的生物资源，就成为主流食品原料。

为什么是蚯蚓而不是蟑螂呢

我想，到了《流浪地球》那种境地，昆虫制品在食品领域应该是百花齐放的，可能啥虫子都有，甚至还有许多微生物制品。而蚯蚓，是各种虫子中的佼佼者——吃垃圾，可以生活在垃圾和自己的粪便之中，极省空间，而且是避光生物，不需要光线。

另外，蚯蚓分解掉垃圾后产生的蚯蚓粪是土壤肥料，而且蚯蚓还能疏松土壤，蚯蚓改善后的土壤可以种菜，电影中地下城背景中看到了一个卖绿色蔬菜的摊位，说明那个时代的人是能吃上新鲜蔬菜的。如果要在没有太阳的环境下人为制造一个循环高效的生态系统,蚯蚓是非常合适的选择。

《流浪地球》里对未来社会的社会形态、军事科技、各种社会分工职业发展等进行想象,出现了程序员、驾驶员、工程师、宇航员、救援队等职业,从一笔带过的榴莲味蚯蚓干中,也看到了对于食品科学的展望,作为一个食品人,我能想象更多。当危机来临时,重要的不仅仅是军事科技,食品科学也会随着社会需求而发展,这是更现实更关乎民生的不可忽视的小事。

佩弦:写这篇文章当时你的情况是什么?

肖瑶:那时候《流浪地球》第一部刚上映,作为一部现象级的国产科幻电影,网络上有许多关于这部电影的讨论,可以说是一个超级大热点。我也很喜欢这部电影,刚看完电影,对其中吃蚯蚓干的片段印象深刻。

佩弦:写作前你有哪些思考?做了哪些准备?

肖瑶:食用昆虫本来就是食品创新领域的一个热点趋势,我早就有所了解,对大众来说可能吃昆虫是很稀奇的事,对食品人来说其实也谈不上很新,而是有人研究的,现在就可以实现的。所以这个蚯蚓干的问题,刚好适合我作为食品科普领域创作者去抓住这个热点进行科普,讲一讲食用昆虫的可行性和营养价值。

佩弦:在写作中,你具体是怎样操作的?

肖瑶:其实这种科普文章非常好写,只需要把事实用口语化的表达说给大家听就可以了,不像写小说需要虚构很多内容,需要丰富的想象力甚至倾注很多的情感在里面。我写这个科普就是从事实出发,这个昆虫的可食用研究在行业内发展到什么情况,它有哪些应用案例,这些都是网络上随手能查到的内容,我只需要找一些数据和案例，组织自己的语言把事实呈现给网友就可以了。这并不是什么高深的内容，只不过对非食品行业的网友来说，如果没有电影作为契机，大家不太会关注食用昆虫这方面的信息，现在刷到我这篇文章可以了解一些以前不知道的知识，增长一点见识，顺便满足一些猎奇心理，也挺好的。

佩弦：文章发布后的数据如何？你的总结是什么？

肖瑶：这篇回答最后获得了 300 多万阅读量，2.8 万赞同，我认为主要归功于《流浪地球》这部电影的火爆，我只是搭了顺风车，这就是为什么做新媒体的人总喜欢蹭热点的原因。

3.1.3 紧紧围绕文章的中心点

我一个外地朋友头一回吃辣子鸡丁，指着一大盘的辣椒问我："这到底是在吃辣椒还是在吃鸡丁？"

我解释道："当然是在吃鸡丁。川菜的精髓就是众星捧月。鸡丁要是太多了，味道反而出不来，要的就是提起筷子在里面找，那一丁点儿浓缩的鸡肉才足够劲道。"

写文章也是如此，在有限的篇幅里，所有内容聚焦一个主题最佳，切忌面面俱到。

案例 3-3

知乎网友提问：更加自律的 C 罗，为什么状态不如梅西？
以下是 @海布里 de 酋长的回答：
一、年龄
在谈论体育球员的竞技状态时，我必须承认年龄是一项不得不考虑的要素。

　　C罗出生于1985年，梅西出生于1987年。虽然两人的实际年龄差距不大，只相差两岁。但我们都知道：竞技体育的衰老不是一个缓慢渐进的过程，而往往只是一瞬间的行为。

　　35岁的C罗还可以在曼联，38场进24球（英超18球，排名射手榜第3）。在尤文的时候，这个数据更是惊人的43场进35球。不过我们看到，滕哈赫治下的C罗几乎彻底边缘化。不仅进球效率暴跌，甚至连上场时间都少得可怜。

　　而国家队方面，虽然C罗的江湖地位决定了他不太可能沦为替补。但事实是，现在的他对于葡萄牙队是一把"双刃剑"。在承载他进攻威胁的同时，他愈发局限的活动范围，也在一定程度上加剧了葡萄牙队的进攻困境。葡萄牙的进攻要不要继续围绕C罗，这个在过去十年看上去不可理喻的话题，变得越来越具备讨论的必要性。

　　反观梅西，虽然梅西在世界杯的"万神殿"级别表现有目共睹，他在对墨西哥、澳大利亚等多场比赛中带动了全队。但是必须指出的是，梅西优异的表现除了自身的自律，也有过去一年在法甲联赛踢"养生球"的因素存在。

　　从这点看，梅西被迫"离开"巴萨的决定无疑是正确的。法甲联赛相对较差的整体竞争力，与巴黎强大的阵容深度形成了鲜明的对比。有姆巴佩、内马尔两位世界级球星分侍左右，也让梅西可以在许多普通的比赛日里划划水，少跑一点。

　　而体能的储备显然有助于他之后在世界杯舞台上的大杀四方。假设梅西没有离开巴萨，那么大概率，巴萨仍然会是一支以他为核心打造的球队，就像过去十年我们看到的那样，那么梅西的战术负荷显然会比现在重得多。

二、角色定位

年龄只是表象，C罗与梅西，近两年在竞技层面上的巨大分水岭，很大程度来源于两人角色定位上的差别。

从2004年梅西进入巴萨一线队算起，19年间，梅西的踢法至少经历了3次比较大的转变。

出道时的梅西是一个敏捷如风、充满活力、盘带华丽的少年。这个阶段的梅西，以个人进攻为主，利用步频、假动作、速度优势，在球队右边路撕开对方的防线。国王杯半决赛对赫塔菲队的连过五人，就发生在这一时期。

而随着瓜迪奥拉的入主，梅西的踢法也正式开始从"超级边锋"向"伪9"转变。也就是说，这一时期的梅西在做好个体进攻的同时，还需要在比赛的一些时刻为队友输送炮弹。而梅西出色的大局观、球感与传球技术则支撑起了他在瓜迪奥拉时期的这一身份。于是我们看到了梅西不断上涨的进球数，和每赛季稳定10+的助攻数，亨利、埃托奥、比利亚和佩德罗都成了梅西转型的受益者。

随着瓜迪奥拉的离开，以及自身年岁增长带来的体力下滑，梅西最终进入了职业生涯的第3个阶段——巴尔韦德治下的梅西，位置进一步后移，成为一名实质意义的"前腰"。梅西开始专注于进攻，并且大大地减少了自己的防守参与。这是一种常见的"球王踢法"，众星捧月。为了弥补梅西的跑动与防守支援问题，主帅需要在梅西身边配备一定的"打手"和"快马"。用不断地穿插与跑动，去提供梅西所需要的纵深和肋部保护。而梅西出色的大局观和传球脚法，也总能在最适合的时刻找到他们。

而遗憾的是，在C罗身上，我们并没有太看到这一点。C罗的职业生涯，严格来说只有一次转型，就是从曼联时期脚下生风的单车少年，到皇马时期通过增肌与提升无球手段的超级射手。

但本质上，C罗的职业生涯始终没有摆脱"射手"的标签，只是巅峰期从射门员进化成了超级射门员。

但事实是，他与梅西的天赋差距依然明显，这或许也决定了C罗无法像梅西那么轻易地完成角色定位的转型。于是，一旦他的身体机能有了明显的下滑，C罗的劣势开始被无限放大，而增肌的副作用，也在这一时期逐渐变得凸显。C罗很难再像过去一样轻松地一对一抹过防守球员，专注于终结的他在进攻端的活动范围，以及能做的事情相比梅西来说极为有限。

三、性格

人们总说，性格决定命运。其实这一点，在梅西和C罗的身上也得到了一定程度的体现。

在C罗的巅峰期，他的偏执与好胜如狂，很大程度上成了一种助推器，使得他不断地推动自己保持状态，精进技术，从而一度和梅西在金球奖的领域战至5比5平。

不过随着能力的下滑，C罗居高不下的心气则成了他转型时的一道枷锁。他本可以适时地让位，像伊布一样成为米兰城更衣室的话事人，并且在那些不打首发的日子，继续为年轻的孩子们传授经验。这样依然可以为强队效力，依然可以赢得全世界足球迷的尊重。

但C罗却选择了最极端的方式：拒绝替补，提前退赛，并且在世界杯开始前在摩根采访中炮轰了曼联全队。于是，等待他的是被曼联解约，与合作多年的经纪人门德斯分手，乃至彻底告别五大联赛的聚光灯，来到沙特联赛的命运。

爱他执念者，会将他晚年的混乱视为自毁的悲剧宿命，如痴如醉。恶他自私者，则会把他打造成为一个只有自我的团体运动的反面，弃若敝履。

目前看来，似乎大众的风评更倾向于后者一点。而这，对于一个足球史 TOP10 级别，简直是不可思议的。C 罗的晚年获得了远远低于这个级别球星应有的名声，而你甚至无法说这不是一种"咎由自取"。

反观梅西，梅西不管私下为人如何，他在公众场合始终保持着谦逊、专一、有礼貌的三好青年形象。这让许多相处过的媒体不自觉地就加入了"梅吹"的团队。在 2022 年的世界杯期间，我们无数次听到了不同的阿根廷人，说愿意为梅西而战，甚至为梅西而死，这显然也不是一种偶然。

上善若水，水善利万物而不争。梅西虽然平日里不争不抢，却一直向着自己职业生涯的终极目标——大力神杯，勇敢地迈进。并且当他实现时，梅西虽然贵为球王，却也没有藐视苍生的态度。他依然可以用最纯粹、最真诚的态度去面对工作和生活，去对待身边的每一个人。正因此，才有那么多球迷视梅西为偶像，才有那么多球员愿意为梅西而战。

这也是我认为，近两年梅西和 C 罗竞技状态分水岭的一部分原因。

佩弦：写这篇文章时你的情况是怎样的？

海布里 de 酋长：这篇文章写于 2023 年 3 月 8 日，那天我在晚高峰的地铁上，有感而发，一蹴而就完成了这篇作品。

它的写作背景是卡塔尔世界杯，梅西率领阿根廷夺冠。随着阿根廷人加冕生涯的最后一座重量级奖杯，基本标志着"梅罗时代"的终结。即后世在评价我们这个时代的足球时，大概率会把梅西放在皇冠的顶端，而曾经一时瑜亮的 C 罗，只是前者生涯的一个伟大注脚而已。作为一个优秀的体育写手，不应该错过这样"标志性"的时刻。而且需要旗帜鲜明地对事件做一些自己的看法与定义。我认为这样的文章，对读者来说才是更有价值的，也是自媒体区别于传统媒体的一大特点。

当然，我不是说传统媒体不好，只是在观点突出、立场鲜明方面，传统媒体受到很多制约，往往持中立立场，发表一些"隔靴搔痒"、不痛不痒的观点。而自媒体，则在观点的表达上往往更加自由。

佩弦：写作前你有哪些思考？做了哪些准备？

海布里 de 酋长： 当我决定写这篇文章时，我发现"梅罗"话题实在太热了，已经有上百个知乎答主就此事发表了自己的看法。如果我说的和这些答主基本观点一致，又没有自己的亮点，那这样的回答在我看来，就有点浪费观众的时间。所以，我花时间认真思考了下面这个问题"我该如何切入，如何描述使这篇文章在诸多优秀回答中脱颖而出"。

佩弦：写作中你具体是怎样操作的？

海布里 de 酋长： 我之前在文章中也多次利用到的技巧之一，即用"盘点"的形式，尽可能全面覆盖一个问题。换言之，如果一件事情是由 A、B、C 三个因素所共同导致的。虽然 A 占了其中的 50%，远远高于 30% 的 B 和 20% 的 C。但我们不能忽视 B 和 C 的作用。我认为这样的结论，既不准确，也不客观。因此我在大家都知道的天赋问题外，增加了年龄、角色定位、性格三方面的因素。这里面年龄是客观事实，性格是主观因素，而角色定位则介于两者之间，既有球队的要求，又有主观的意愿，能力是否契合这份要求与意愿。

为此，我详细回顾了梅西和 C 罗职业生涯各自重要的节点。从而推导出，梅西职业生涯经历了三次较大的转变，而 C 罗相对来说只有一次大的转型。因为有大量的数据和内容做支撑，我认为这样的结论，虽然观点鲜明，却也站得住脚，较为客观。

佩弦：文章发布后的数据和你的总结？

海布里 de 酋长：这篇文章在发布后，获得了一众大 V 的点赞，在评论区有位网友的评价很暖心，他说："写得真好，切中肯綮而文采斐然，读来很顺畅也很自然。"读到这还是很欣慰的，觉得自己用心写的东西没有被辜负。我想读者的肯定，也是我坚持写作的一大动力吧。

3.1.4 留下文章特有的辨识点

代昌述小时候生活较为困难，很难得才能吃到一次肉。20 世纪 80 年代，已经是厨师的代昌述心想："能否做一道大肉菜，吃得过瘾解馋？"萌生此想法后，他和家人试着从经典川菜回锅肉开始创新，改刀需要改到肉片厚度 3 厘米左右，大小则有巴掌大。肉大了，味道却遇到瓶颈。代昌述发现，无论是使用传统的郫县豆瓣酱还是其他豆瓣酱，都达不到想要的味道。于是，他开始自己秘制酱料和豆豉。经过秘制酱料和豆豉炒出来的回锅肉，色泽红亮、入肉留香，于是"连山回锅肉"便诞生了。

除了巴掌大的连山回锅肉，有鲜明辨识点的菜还有很多，例如，上菜时听到响声的锅巴肉片、吃一口就满头冒汗的老麻抄手、"闻着臭，吃着香"的臭豆腐……写文章也是如此，要想在众多文案中脱颖而出，需要找到自己差异化的风格，留下账号或文章特有的辨识点（表 3-1）。

表 3-1 有鲜明辨识度的公众号举例

公众号	辨 识 点
新世相	在文章中强烈表达出自己的坚持和态度、好恶和意见
胡辛束	每篇文章开头都写着：全世界只有不到 8% 的人关注了胡辛束，你真是个特别的人
顾爷	爆炸头头像

3.2 线：文章的骨架

一堆散乱的珍珠只能论斤卖，用彩线串成项链则会价格翻倍。而结构对于文章的作用，就好比串起珍珠的彩线。逻辑混乱、表意不明的文章，会给读者造成糟糕的阅读体验，解决问题的办法很简单，把前人总结好的逻辑结构拿来借鉴即可。

3.2.1 如何搭建时评文的结构

《神探狄仁杰》电视剧中狄大人常对李元芳说："元芳，此事你怎么看。"而李元芳的回答总是结论先行："大人，我觉得此事有蹊跷。"或者"此事背后一定有一个天大的秘密。"写时评文也需要结论先行，想完整地表达观点可套用 PREP（一种结构化思维）模型。

用 PREP 模型能把一件事情讲清楚，并且在最短的时间内把最重要的消息传递给对方，让对方一听就知道你在讲什么。

Point：结论先行，让读者知道作者要表达的观点和重点。

Reason：介绍下观点背后的原因，要符合逻辑，能够印证前面要说明的观点。

Example：通过举一些具体例子，让读者能够理解自己的观点和原因。

Point：重申一下自己的观点，使得读者再一次清晰地了解作者表达的意思。

📝 案例 3-4

知乎网友提问：多家餐馆卖拍黄瓜被罚 5000 元，监管部门称"需办理冷食类许可"，如何评价该处罚？起哪些警示作用？

以下是 @芝麻酱的回答：

这个问题我熟，冷食需要冷食资质，拍黄瓜等凉拌菜就属于"冷食"，炒菜汤菜等热菜属于"热食"。

餐馆在办理食品经营许可证时，必须写上经营范围，如果只写了热食没写冷食的，严格来说就不能卖凉拌菜，卖了就属于"超范围经营"。类似于没有烟草资质卖烟一样。

那么为什么凉拌菜等冷食要单独分类呢？这是出于食品安全的考虑，因为凉菜无须加热就要上桌给客人吃，存在大量食品安全隐患，包括但不限于：

①菜刀菜板等工具混用，生熟不分。

②环境不够干净卫生。

③环境温度过高加上存储时间过长导致微生物爆发式增长。

在夏季，很多食物中毒都是凉菜中的致病微生物引起的。因此，市场监管局在审批许可证时，如果你的店铺申请经营冷食，那么你必须按照要求在店内设置专门的"冷食操作间"。

这个冷食操作间整个空间必须可以全封闭，墙面或者玻璃通顶，门窗闭合要严密，门最好要有自动回弹功能，进出后会自动关闭，内部必须有空调和温度计，保证冷食操作间温度在24度以内，装紫外线消毒灯……

　　有心人去餐馆可以留意一下，会看到很多店都有这样的冷食专间，也叫凉菜间。你想要卖拍黄瓜，得有这么一个冷食操作间才行，而现实中很多小餐馆都做不到，一般来说没人举报也就算了，这方面执法一直都挺"人性化"，但如果被举报了或者遇到严打，那肯定要处理。

　　我认为这是合理的。

佩弦：写这篇文章时，你的情况是怎样的？

肖瑶：当时就是无意间刷到了这个问题，刷到的时候已经有了一些回答，已有的回答大多数是认为卖拍黄瓜被处罚是属于没事找事的过度处罚，谴责监管部门罚款是在"创收"。而我之前从事过餐饮行业，对相关的法律法规比较了解，所以这个问题算是撞我"枪口"上了。

佩弦：写作前你有哪些思考？做了哪些准备？

肖瑶：在我回答之前，这个问题下大部分回答都是在谴责监管部门的，他们的观点是认为罚款"无法可依"，是过度执法。根据我了解的食品安全相关的法律法规，餐饮业想卖凉菜就必须得有卖生冷食的资质，有审批合格的凉菜间才行，所以这个处罚是有法可依的。这多亏了我有多年餐饮从业经验，没少跟监管部门打交道，比较了解这些法规。而且我知道生冷食品特别容易发生食品安全问题。

佩弦：写作中你具体是怎样操作的？

肖瑶：写这个回答就是把事实摆出来再加上自己的观点

即可，执法依据是什么、法律法规是怎么样的、为什么要制定这样的法规。有知识、有逻辑、有自己的观点，读者一目了然。

佩弦： 文章发布后的数据和你的总结是什么？

肖瑶： 这篇回答获得了 52 万阅读量，9000 多赞。大部分网友其实是通情达理的，他觉得你说得对，就会认可你，尤其是当别人都没说到点子上的时候。正确的内容只要有理有据，就不要担心文章得不到认可，我认为这是网友普遍有的正义感给传播的加成。

3.2.2 如何搭建故事文的结构

从前有座山，山上有座庙，庙里有一个老和尚和一个小和尚，老和尚每天都在给小和尚讲故事，老和尚讲的什么故事呢？所有这些故事可以分为两类，第一类属于第一人称故事，第二类属于第三人称故事。

1. 第一人称故事

（1）什么是第一人称故事

诸葛亮在出师伐魏临行前给后主刘禅写了《出师表》，并在奏章中讲了自己的生平故事（第一人称视角）："臣本布衣，躬耕于南阳，苟全性命于乱世，不求闻达于诸侯。先帝不以臣卑鄙，猥自枉屈，三顾臣于草庐之中，咨臣以当世之事，由是感激，遂许先帝以驱驰。后值倾覆，受任于败军之际，奉命于危难之间，尔来二十有一年矣。"刘禅看了大为感动，同意伐魏。

（2）第一人称故事的特点

第一人称是限知视角，以"我"的角度叙述故事，能够拉近与读者的距离，但同时，它只能写"我"能看到、感觉到的东西，对于其他人的内心活动缺少感知。

（3）第一人故事的写作结构

运用"起承转合"的结构讲"我"的故事，既能把故事讲清楚，又能避免"平铺直叙"。

起：发生了一件事，打破了"我"的生活状态，"我"必须付诸行动，达到某一目标。

承："我"向目标推进，遇到种种障碍。

转：形势急转直下，外部出现巨大障碍，内部分裂，这是整个故事的最低谷。

合：某一事件让"我"重新看到解决问题的希望，和障碍进行殊死搏斗，取得最终的胜利，"我"的目标达成。

案例 3-5

知乎网友提问：什么样的能量才能支撑一个人走过人生的低谷和迷茫？

以下是 @鲁西西的回答：

我是一间办公室里的小职员。同时我也是个文学爱好者。我总是信手在任何一张能写字的纸上，记录自己随时灵光乍现的句子。

那时候我写作，不为了投稿，不为了赚钱，甚至没有为了让自己进步或者变得更好的想法，只是纯粹地喜欢做这件事情。就像有人喜欢无意识地哼一首歌一样毫无功利地写作。我用圆珠笔在废纸上写诗，写散文，写小说，用所有碎片时间，恣意地写所有漫无目的的作品，我甚至没有保留下原稿，因为没想要给任何人欣赏。

我利用工作间隙写东西，被办公室一位老男人发现后时不时出言挖苦：哟，你还想当作家呢。

有一天，老板和我们吃饭。这个老男人当着我的面在老板面前"夸奖"我："这个小妹啊，她很努力，每天都上班时间写文章，写了好多。"他手舞足蹈地用当地方言讲给老板听。初入职场的我不曾直面这样的恶意，坐在那里没有反驳。第二天，HR通知我，可以不用来上班了。

好吧，在我工作中刚刚完成一项大单的情况下，我还是被炒鱿鱼了。

失业那一天，我问自己，我到底想要一份什么样的工作呢？那时候我非常自卑，被炒鱿鱼令我怀疑我做不好任何工作。只有一点，我内心无比肯定，我想写作，虽然我也不知道我能不能写得好，只是我想写，即使未来我会因写作而贫穷，我当时想，只要赚来的钱够我天天喝粥，我就知足了。

经过一番深思熟虑之后，我打电话回家。我告诉我妈，我不想在外面工作了，我要学习写作并以此为生，这是我唯一想做的事情，妈妈你给我买台电脑吧。

也许是因为我的态度非常坚定，我妈虽然对这件事充满疑惑，但还是答应了。

于是我开始了全职写作的生活，我给自己设立了一些比较简单的目标，比如：第一步，先努力让文章在网上通过审核获得发表。第二步，努力让自己发表的文章达到推荐的要求……我埋头苦写，心无旁骛。

我当时有多努力呢？整整一年，我没有参加任何娱乐活动。朋友叫我出去玩，去吃饭，我全部拒绝。我出门只有一个目的地，就是图书馆。我每天只做四件事，吃饭、睡觉、写文章、看书，连接电话都觉得是浪费时间。

偶尔吃饭的时候，我家人想和我聊一聊天，我每次都简洁地说：别和我说话，我正在想某篇文章要怎么写。

当时周遭的人都觉得我疯了，比我以前上班时更猛烈的流言蜚语向我袭来，有的邻居听说我天天藏在家里写作，嗤之以鼻。从小看着我长大的女邻居断言：她眼睛写瞎了，手写残了也写不出来的。

我妈被闲言闲语打击得左右摇摆，有一天她被别人嘲笑得回家哭，要收缴我的电脑，要赶我出去工作，她丢不起这个人。

其实我心里也很茫然，含泪努力恳求她：请你给我三年时间，允许我不工作不赚钱，做我自己一直想做的事情，你就当我现在仍在上学，你都养我这么多年，也不差再多三年。不要管别人怎么说，我会全力以赴的。如果三年以后，还是写不好，我就去工作。

当时我心里想：一定要成功！如果三年我还不成功，我就去工作。我没有退路，只能背水一战。

然后，我只用了一年。一年之后，我开始通过写作获得收入，这份写作收入比当时身边的同龄人都高，且在不断上升。

后来有一天，我走在路上，遇到当初在老板面前告我状的老男人，他一脸促狭地说："呀，作家，你现在哪里高就？赚几个钱啊？"

他以前总拿作家这个称呼羞辱我怀揣的那个不切实际的梦，此刻的我已不再将它当作一种嘲笑，我悠悠地告诉他，我现在在家全职写文章，稿费收入是当初与他共事时的五倍呢。他听后，怔怔地若有所思。

当我的稿费收入升到当年工资十倍、十五倍的时候，我想，不能不感谢这些年在这个世界上每一个将我逼向绝境的人，嘲讽与质疑也可以是让我进步的力量。

如今的我，是一家网站的主编，出版过几本书籍。虽然没有赚很多的钱，可能也没有获得别人认为的成功。但是对我而言，能够选择自己真正喜欢的工作，并靠它赚到钱，这就是我的梦想，就是我想要的人生。

我仍然在努力，仍然会因为作出努力被嘲讽和质疑，比如我在朋友圈分享我正在看的书，也有人说我在炫耀。如果我晒的是食物和旅行，他们就觉得我比较正常。可是对于我来说，阅读就是我的日常，是和吃饭一样的事。

然而现在的我不是太在意我在别人眼中是什么样子，我只在意我能够让自己成长成什么样子。

因为成长，也让我明白了，其实那些因为你的不同而打击你的人，并不完全是出于他们内心的恶意，而是出于他们内心深处的自卑和不安全感，有的人害怕看到一个和自己不一样的人。一旦发现有人和自己不一样，他们会意识到："我们两个背道而驰的人之间一定有一个是对的，一个是错的。"因为不想否定自己，不想承认自己有错，只好拼命去否定那个和自己不一样的人。

当一个不努力的人，打击一个努力的人，实质他们内心是恐慌的，是他先对自己无能为力，所以害怕看到别人比自己更努力。

我写这些没有任何想要炫耀的意思，因为我现在的成就根本就微不足道。我只是想用自己的经历鼓励一下像曾经的我一样迷茫的人，所有真心喜欢写作的人，想要追求梦想的人，正在被打击和嘲笑的人，愿你们坚持做自己，勇敢一些。

佩弦：你当年在家全职写作时，具体通过哪些方法提升自己的写作水平？

鲁西西：很久以前我开始学习写小说，没有人教我，也不知道从何学起。我就试着把喜欢的小说，整本背下来。通过死记硬背去熟悉小说对白、遣词造句、故事结构等。我背的方式不是用念，而是打字输入电脑，一本书打进电脑里几十上百遍，形成肌肉记忆。

我看过许多文字作品，每当看到喜欢的触动我的句子，会把它们收藏起来。如果是在网上遇到，就会把它复制下来，放在我的微信收藏夹。如果是在纸质书上看到，就会把它用手机拍下，择日输入电脑里。我记录下的句子、段落，会时不时拿出来翻看，抄写、朗读、背诵。

我还喜欢做这样的练习，比如在路上等红灯的时候，我就开始观察路人，他们的衣着、神态、动作，然后即时在大脑里用写作语言描述一遍。我经常习惯性地，以观察员的姿态，把自己现实的所见所闻旁白一般即时翻译成文字语言，输入储存进大脑中，以方便后续在真正的写作中随时取用。

佩弦：初学者写第一人称故事很容易变成流水账，或者难以留住读者，你认为该如何提升？

鲁西西：文笔不够熟练，容易写成流水账，可不是靠技巧、方法一下子开窍能解决的问题，只能多练了。

还有一个就是，有的新手写之前根本没有构思好要写什么样的故事，就开始动笔了，然后随波逐流想到哪写到哪地写下去，就变成流水账了。我写故事的时候，是事先把整个故事梗概构思好了，特别是构思过程中确定这个故事将有哪些亮点，怎样的高潮、反转，是否足以让读者从这个故事中获得阅读趣味，才会开写。我会很看重构思的过程，把主要的精力花在准备工作上。如果构思了一个故事，或者某个情节觉得不够好，就会把它推翻了，重新构思。直到满意了才开始写。新手容易忽略准备的过程，匆匆忙忙就上手写，毫无目标，写出来的效果自然不尽如人意。

2. 第三人称故事

（1）什么是第三人称故事

白马之战，颜良打得曹营众将不敢上阵，结果关羽出战，一刀就斩了颜良。关羽把颜良人头献给曹操，曹操说："将军真是神明般的威武！"关羽答："我何足挂齿！我弟燕人张翼德在百万军中取上将的人头，如探囊取物！"（这里关羽讲的，便是第三人称故事）曹操大惊，回头对左右说："今后如果遇到燕人张翼德，不可以轻敌。"怕他们忘了，还让他们把张飞的名字写在战袍衬里。

（2）第三人称故事的特点

第三人称是全知视角，以"我一个朋友""我一个兄弟"或"我一个闺蜜"的视角来叙述故事，采用一种抽离旁观的方法，可以全面地叙述故事中每一个人的想法感受，但是不如第一人称"我"更直观、更有代入感。

📝 案例 3-6

知乎网友提问：如何和自己讨厌的人相处？
以下是 @菲凡 的回答：
说说我的三个真实故事。

01

在我毕业后成为总监助理的第一周，正值总监出差，由前任助理娜娜与我交接。然而，交接过程却让我感到不满。娜娜态度高傲，交接时只是随意指了指文件，便转身离去。我觉得这样的交接方式并不恰当，但考虑她是老板的红人，我选择了忍耐。

一周后，总监回来，询问我适应情况。我坦率地表达了对娜娜的不满，认为她的态度和行为并不合适。总监听后表示会了解情况。

不久，娜娜主动邀请我共进午餐，态度明显改变。我猜测总监已经与她沟通。在午餐时，我直接向她表达了我的看法，告诉她作为老乡，我觉得她过于包装自己。我承认自己有着东北人的直率性格。

几年后，我分别向总监和娜娜询问了当时的情况。总监表示，我是第一个直接指出娜娜问题的人，她虽然表现出喜欢和欣赏娜娜，但从未意识到娜娜在她不在时会耀武扬威。而我，提醒了她这一点。

娜娜则表示，从未有人如此直接地反驳她。她知道，打压别人是她华丽的外衣，但因为我的直率，她不敢再在我面前装模作样。

通过这个经历，我认识到，在面对不公平待遇时，我们应该勇于表达自己的立场，让对方知道我们并非好欺负。当然，表达方式可以因人而异，关键是要坚持自己的原则。

所以，如果你讨厌她，要让她知道。一定划清自己的边界，警告对方，不要越界，没有人是好欺负的。

02

Andy是我朋友丽丽在公司同一部门、同一级别的同事，他喜欢在酒桌上讲些擦边球的荤段子，讲得绘声绘色，让部门的很多女同事感到尴尬，但又只能装傻来掩饰。

丽丽很讨厌Andy，除了荤段子之外，Andy还喜欢给部门的同事起外号。虽然他是经理，但因为大家都是同事，所以没有人去指责他。

终于有一次，因为客户之争，丽丽和Andy之间爆发了一次严重的冲突。Andy在背后挖走了丽丽的客户，还不承认。丽丽在公司对Andy大声质问："你还是不是男人，欺负人也得有个度，你没完了？"Andy回敬道："我是不是男人，你试试就知道。"

丽丽情绪失控，拍桌子走人。

Andy的业务能力不错，客户也信任他，老板也很喜欢他。他先发制人，直接向大老板告状，说丽丽业务能力有问题，还辱骂同事，要求公司处理。

人力资源部进行调查时，丽丽直接投诉Andy职场性骚扰，说他讲荤段子，给同事起不雅外号，严重影响了团队的氛围，与公司互相尊重的文化严重不符。

Andy傻眼了，对于这种事情，大公司一向是零容忍，只要你被举报，违反了公司的价值观，这种事情就会被严肃处理。

Andy最终受到了严重的警告，不久就主动离职了。女孩们都为丽丽的举报竖起了大拇指。

在职场上，有些人的行为确实让人讨厌，他们需要得到教训，让他们知道，不是不报，时候未到。

03

我目前的合作伙伴，花花，是通过一段不和谐的相识逐渐建立起合作关系的。当年我们同时加入同一家公司，她担任IT部门的项目经理。我们的第一次相遇是在公司楼下的小餐厅，同事将我们互相介绍："这位是菲凡，新任的人事经理，这位是花花，我们的IT女神，将来你们少不了会有工作往来。"

我第一眼看到花花，觉得她的确很美，便热情地打招呼："你好啊，女神！"她却只是淡淡回应："嗯，我们先去那边吃饭了。"

没想到这位IT女神转眼间就离开了。

在工作中，我们虽有一些交集，但仅仅是几封邮件的往来。大半年过去了，我们之间的关系仅仅是纯粹的同事，连点头之交都算不上。在走廊上遇到时，她对我视若无睹，似乎看到我就感到厌烦。既然她从不主动打招呼，我也不想自讨没趣，去贴她的冷屁股。

其实，我就是陷入了"晕轮效应"，又称"光环效应"。从心理学上讲，是指当认知者对一个人的某种特征形成好或坏的印象后，他还倾向于据此推论该人其他方面的特征。本质上是一种以偏概全的认知上的偏误。

然而，六个月之后，公司开始实施新的考勤系统。花花的团队负责系统的开发，而我则负责提出人事部门的需求。在共同参与了几次会议之后，我才意识到花花在工作中的表现截然不同：她行事果断，思维缜密，且言谈间充满实质内容。此外，她的人际交往也相当友好。

我们开始共进午餐，我询问她为何初次见面时如此冷淡，甚至不予搭理。花花解释道："哎呀，你要是不提，我差不多都忘了。那天我们组的同事都在里面等我，我赶着进去才能开饭，所以有点急。而且，作为一个女性IT工作者，我本来就不太擅长你们人力资源部门的那种社交场合。哈哈哈。"

我接着问："那你在走廊上看到我，我向你打招呼，你也没什么反应呢？"花花笑着回答："那天我没戴眼镜，很多时候很多人都说我不打招呼,其实是因为我看不清楚人脸。哈哈哈。"

现在,我们已经成为最亲密的合作伙伴。在工作和生活中,我们都不免会受到"晕轮效应"的影响,可能因为某个人的一个眼神而陷入爱河,也可能因为某个人的某种表现而决定不再往来。人都是复杂的个体,我们既要认识到他们的优点,也要接受他们的缺点。

有些人并不讨厌,只是我们觉得讨厌,我们不能让这样的情绪影响我们的判断。

佩弦:写这篇文章时,你的情况是什么样的?

王琳:人际关系是职场永恒的话题,如何与讨厌的人相处是每个职场新人都会遇到的难题。这个问题容易产生共鸣和阅读量。

佩弦:写作前你有哪些思考?做了哪些准备?

王琳:讨厌属于情绪,情绪的来源是对方攻击自己,对方让自己不爽、不开心。那么如何去应对,面对不同的情况有不同的应对方式。我总结了三个原则来应对:

①不是利益相关的人,直接忽略他们;
②避免"晕轮效应",改变刻板印象;
③如果是要共事或合作的人,亮出自己的底线,自己不容侵犯,超越底线,绝不让步。

这样的三原则基本上概括了所有与讨厌的人相处的方法。

佩弦:文章发布后的数据和你的总结?

王琳:这篇文章有3700赞,200多条评论,说明确实引起了职场人士的共鸣。我的总结就是要识别人性的共同痛点，给出切实可行的解决方案，那么就很容易帮助读者，获得好评和关注。

3.2.3 如何搭建科普文的结构

在美食剧《孤独的美食家》中，主角五郎在每一集完成工作任务后，都会出现经典桥段：肚子咕咕叫。于是五郎便会开始寻找隐匿在街头巷尾的美食，如香喷喷的烤鸡肉串、热辣的无汤担担面、一个人的美味烤肉、入口即化的静冈关东煮、香脆可口的炸猪排套餐。

写科普文也是这个道理，前戏做足，再讲知识，读者才有胃口。反之，如果一上来就给读者"讲课"，只会劝退读者。

那科普文具体该怎么写呢？第一个方法是文章开头就制造认知差，让读者带着冲突往下读。例如，有部分人认为汤比肉更有营养，那么作者就可以科普汤里全是嘌呤和油盐，最有营养的还是煨汤的肉。

第二个方法是先讲故事，通过故事让读者自行领悟。张立宪在评论著名纪实文学《巴黎烧了吗？》时说："真正的叙事高手从来不使用定性或装饰性质的字眼，而是把得出结论的权利和快乐留给读者。"

案例 3-7

知乎网友提问：父母的认知水平对孩子影响到底有多大？
以下是 @Dr 老爸的育儿经的回答：
2020 年 11 月，华中科技大学同济医学院附属同济医院儿科，还是像往常一样，人山人海、忙忙碌碌。一名4岁多的小女孩，我们暂且称呼她为小H吧，在妈妈的陪同下住院了。

01

小H的症状很奇特：胸骨后疼痛、牙齿痛、腹痛、眼睛痛、关节痛、排尿困难且疼痛、尿道口瘙痒、便秘……几乎全身各处都有毛病！而且，症状已经持续了20多天。

医生给小H做了体格检查，抽血化验、查大便、查小便、做CT，一大堆检查下来，仍然没有一丁点阳性发现。虽然这是一家很牛的医院，里面一大群专家，看到这样的结果，大家也都傻眼了。

入院第6天，医生再次询问小H，孩子又一次详细地描述了自己的情况："胸骨后痛、嘴到肠子一条线都痛、关节也痛。"

大家看出问题了吗？

一名4岁的孩子，能说出"胸骨后""嘴到肠子一条线""关节"等词汇，似乎有些超前了。

再观察，孩子描述自己的病情时"面部表情轻松"。

一名4岁的孩子，每天疼痛，还能如此淡定？

难道孩子在说谎？没那么简单！

孩子毕竟是孩子啊！有多少孩子怕医院，怕打针、抽血、白大褂，为何她要说谎？

入院第8天，征得家属同意后，医生在病房与小H单独谈话，小H说："妈妈说我有病，治好了才能上学。"还有："跟小伙伴一起玩时不痛。"

据此，大致可以判断：小H没有说谎，她明确说出了什么时候不痛：跟小伙伴一起玩时。她也说了，是：妈妈说我有病。

再回头看看孩子的妈妈。

①住院期间，小H母亲频繁通过手机浏览器查阅病情相关知识，搜索医学名词，并借以质疑医师的诊断或要求继续检查。

②多次向医师展示手机中所存大量"证明患儿病情"的照片。

③多次告诉医务人员患儿髋关节痛，夜间哭叫，难以行走，但医务人员经观察，发现患儿走路姿态异常多为表演性质。

难道是妈妈在说谎？问题也远远没有这么简单！

医生与小H外公取得联系，通话中得知：她（小H妈妈）年轻时在外打工，挣了钱就去医院给自己看病，生下女儿后开始到处给女儿看病，钱都花在医院了。

小H妈妈不仅给小H看病，也反复给自己看病！

医生经过审慎的考虑后，基本排除了小H躯体疾病的可能性，多次告知患儿母亲，应避免过度就医，建议正常上学。

但是，就在出院当晚，其母再次携小H就诊于门诊，强烈要求住院。

此后的大半年时间里，患儿于华中科技大学同济医学院附属同济医院住院4次，门诊就诊117次，仅2020年下半年，就诊达24次，甚至有时，一天之内就诊两位医生，或连续几天反复就诊，大多选择主任医师或副主任医师，且存在较多重复检查。

显而易见，小H妈妈患有心理疾病。这种疾病，叫作孟乔森综合征，也称"住医院癖"，是指以"通过扮演患者来获取病态心理满足"为动机，针对自己伪造疾病。

小H妈妈的情况有所不同，称为代理性孟乔森综合征，是指照顾者针对被照顾者，以伪造症状等方式引发本不必要的医疗诊治，借以满足自己"照顾患者"的病态心理需求，此时照顾者为代理性孟乔森综合征患者，被照顾者为受害者，多为儿童。

1951 年，学者 Asher 最早报道了孟乔森综合征，1977 年，学者 Meadow 首次报道了代理性孟乔森综合征。

02

有部美剧——《恶行》，是一部根据真实案件改编的美剧。

讲述了单亲妈妈 Dee Dee Blanchard 与自己的女儿 Gypsy 的故事。

当 Gypsy 还在襁褓中时，Dee Dee 因为发现 Gypsy 在睡觉时会出现呼吸暂停，于是开始抱着她出入各大医院，她认为自己的女儿患有各种各样的疾病，如脑损伤而失智、白血病、哮喘等。

Gypsy 每天要吃大把大把的药，不上学，没朋友，一直坐轮椅，剃光头，不能用嘴吃饭，只能通过引流管把搅拌好的流食打入胃里。

其实，Gypsy 什么病也没有。

据医生描述："当 Dee Dee 带女儿找到我时，我明确告诉她，Gypsy 身上的病症似乎并不存在。当时这位母亲却满脸不高兴，后来气冲冲地走了，走之前她还跟我们医院前台的护士抱怨，说我不负责任，根本不明白她在说什么。"

后来，Gypsy 还发现，自己能够站起来行走。

"小的时候，我从未反抗过，因为觉得母亲都是对的。但后来我开始困惑，因为要配合她，我一直没办法正常生活。"

"最近几年，她还开始对我使用暴力，只要我不愿吃药或做检查，就对我拳打脚踢……这一切让我十分痛苦，开始想要反抗。"

这位母亲——Dee Dee，也是一名代理性孟乔森综合征患者。

03

疾病虽然很可怕，但是，更可怕的是：Dee Dee 认为 Gypsy 有各种疾病，只能坐在轮椅上，Gypsy 就真的不能行走；小 H 的妈妈认为小 H 有病，全身疼痛，小 H 就真的向医生描述自己全身疼痛；小 H 的妈妈认为小 H 髋关节痛，难以行走，小 H 的走路姿态就真的表现出异常。

没有大费周章，孩子就成了自己父母所臆想的样子！

佩弦：写这篇文章时，你的情况是什么样的？

王宇： 作为儿科医生，我所写的，多为儿童疾病方面的科普，如发热、咳嗽、拉肚子等。在不少人的观念中，医生的工作就是看病，所以只能写点疾病方面的科普。

不，不对！儿科医学的覆盖面远不止于此。其实，父母们遇到的绝大多数育儿问题都属于我们的工作范围，如如何添加辅食、孩子不好好吃饭、睡眠问题、执拗反叛等各种行为问题、儿童社交，等等。

当我对以上这些问题拿出自己的看法，介绍科学的研究时，总会有人说：你作为医生，好好看病去，要做科普也行，写写疾病就好，到育儿领域来瞎凑什么热闹？

不，我不是凑热闹，我就是专业的！

话虽然这样说，还是要讲究策略。

策略之一，拿出各种论文、指南，一大堆专业术语。

策略之二，从故事着手，从疾病等显而易见的医学问题出发，过渡到育儿问题。

本文就是应用策略二之典范。

佩弦：写作前你有哪些思考？做了哪些准备？

王宇： 与大多数医生一样，我也有翻阅文献的习惯，去年的一天，我在《中华实用临床儿科杂志》上看到了"中国大陆首例儿童代理性孟乔森综合征"这篇个案报道。看完该文章后，我强烈预感到，这是一个绝佳的好题材。

对于大众来说，这种疾病太过于神奇，简直不可思议，但它绝对是真实的，国外早有报道，国内的这个案例，也发表于权威的学术期刊，不会有假。猎奇是人的本性，写出来，大有看头！但是，仅仅从猎奇这一点出发，是不是太俗？从这篇文献、这种疾病中，我们还可以挖掘出什么？

能，有潜力、能挖掘！该案例中的小 H 妈妈为患者，孩子小 H 为受害者。但诡异的是，作为受害者的小 H，在妈妈的长期诱导之下，竟然真的认为自己有病，面对医生的询问，他有板有眼地描述了自己的各种症状。

不仅小 H 如此，美剧《恶行》中的 Gypsy 同样如此。

父母对于孩子的影响，竟然如此强大！为人父母者，能不深思吗？这就是我要呈现的主题。有了素材，也有了主题，写作起来，当然很容易了。文章写好后不久，我看到知乎上正好有这个问题："父母的认知水平对孩子影响到底有多大？"就转发过来了。

佩弦：写作中你具体是怎样操作的？

王宇： 我一向认为，讲故事是最简单的一种写作方式。只需将故事讲清楚、讲明白，别人能看懂就行。如果更进一步，还能设计悬念、制造转折，当然就更吸引眼球了。

对于这篇文章，不必进行精巧的设计，它本身已经自带光芒。不过，我担心仅仅这一份素材是否太过单调、说服力不足，于是添加上美剧《恶行》的故事，毕竟这部美剧是根据真实事件改编而来。有时，真实的生活，比编造的故事还不可思议，关键是你要抓住它；更重要的是你要升华它，不仅局限于把故事讲好，还要将自己的看法融入进去，给故事注入灵魂。

佩弦：文章发布后的数据和你的总结是什么？

王宇：文章发布后数据与我的预计差不多，还不错。本来，我的写作风格多为直接的科普,本文用讲故事的方式来做科普，可读性更强，也为我拓宽了写作的边界。

3.2.4 如何搭建干货文的结构？

大家好，我是×××。废话不多说，倒计时准备：5、4、3、2、1，上链接。

干货文的开头要向上文学习，不卖关子、单刀直入，把要表达的内容用"12345"的结构分条列出。

案例 3-8

知乎网友提问：作为医生，有哪些生理知识你希望大家知道？

以下是 @Dr 老爸的育儿经的回答：

作为一名儿科医生，我就来说点"小儿科"的问题吧。

最常见的疾病，无论成人还是儿童，应该都是"感冒"。但是，关于"感冒"，我们有多少误区呢？

①我今天吹了冷风，打了个喷嚏，一定是"感冒"了。

不一定。"感冒"又叫作"急性上呼吸道感染"，是一种"感染"，所以说，是病原体侵犯我们造成的，绝大多数是病毒侵犯人体所致。

吹了冷风，打喷嚏，很可能是冷空气的刺激造成的，不一定是"感冒"了。

② **"感冒"了，赶快吃点"感冒药"，不然会加重！**

前面已经说过了，"感冒"是病毒侵犯人体所导致的。而绝大多数"感冒药"的作用是缓解"感冒"引起的流鼻涕、打喷嚏、发热咳嗽等症状，并没有抗病毒的效果。所以，吃"感冒药"只能缓解"感冒"的症状，而不能消灭病毒，也就是"治标不治本"。

当然，也有少数"感冒药"含有抗病毒的成分。但是，目前人类对于病毒，还没有疗效显著的药物。能够对抗流感病毒的奥司他韦，就是不错的选择。

③ **"感冒"了，来点抗生素吧。**

前面也说过了，"感冒"绝大多数是病毒所致，而抗生素，是用来对抗细菌的。这完全不相干。

不过，有时病毒感染后会继发细菌感染，此时是可以用抗生素的，但这需要医生来判断。

④ **不吃药，"感冒"怎么能好？**

人体自身有免疫力，是它消灭了引起我们"感冒"的病毒，所以好了。与吃没吃过"感冒药"没什么关系。当然，如果是流感，早期应用抗病毒的药物是可以的。

大多数时候，人体在与导致我们"感冒"的病毒进行斗争时，都能占上风，消灭它们，我们的免疫力也不是吃素的。但是，也有可能，病毒会引起一些严重的病变，如肺炎、脑炎等，这可能是致命的。此时，医疗的目的是维持我们机体的正常运转，给免疫系统提供机会，"以空间换时间"，让机体取得最后的胜利。这才是"感冒"时医疗的价值。

佩弦：这篇文章发布后的数据和你的总结是什么样的？

王宇： 数据非常好，阅读量达到了惊人的 40 多万，这对于科普类题材来说是很好的成绩了。而且具有不错的长尾效应，它写于 2020 年 5 月，已过了将近 4 年，目前阅读量仍在持续增长，虽然不多，每月大致增加几百阅读量。

我认为，取得不错的数据关键有两个方面原因，一方面是内容有用。感冒是最常见的疾病，每个人都躲不过，而且经过疫情，大众对于健康的关注度空前提高，所以，对别人有帮助的、实实在在的干货，是得到广泛传播的前提。另一方面是在写作技巧上，没有像某些科普文一样规规矩矩、平淡如水、四平八稳，而是直击要害，抓住读者的痛点、盲区，集中火力去解决问题。

佩弦：结合这篇文章谈谈逻辑结构对读者的作用？

王宇： 科普文的逻辑大致可以分为两类，一类叫作教科书式的逻辑，另一类逻辑叫作抓住读者的眼球、抓住读者的心。

教科书式的逻辑是比较常规的，如我们写医学科普的，要给读者们介绍一种疾病，可以从疾病的病因、症状、常用的检查，如何诊断、如何治疗、能否预防等几个方面，按顺序一一写下来。这是最简单的逻辑，也是教科书的逻辑，优点是清清楚楚、一目了然，缺点是平铺直叙，缺少阅读的乐趣，难以调动读者的兴趣。从前面我说过的"信达雅"的标准看，这样写，能够把"信"和"达"做好，但"雅"可能会欠缺。

抓住读者的眼球、抓住读者的心！问题在于，怎么抓？

我自己常用的方法有以下两种。

第一种，就是这篇问答所采用的方法。在某个大的主题下，抓住读者关注度高或容易犯错的重点作为几个小主题来分别进行介绍。

这样做的好处是突出重点,这些重点就是读者最关心的内容,他们愿意去读,想要了解这方面的知识;或者是读者认识上可能出现的误区,直接指出来,给他们以强烈的冲击,激发他们深入探究的兴趣。但内容上一定要解释清楚,让读者能够理解、能够明白。当然这种做法也存在缺点,有很多人思维僵化,不肯接受新事物,即使你明明白白地向他们展示新事物的优势,他们仍然会抱残守缺,甚至强烈、恶毒地攻击你。但你要明白,你不必让所有的读者都接受你,请一定牢记有一句话叫作"尊重他人命运"。作为医生,我常常看到某些人一心一意、哭着喊着要去上当,即使人财两空也无怨无悔,我们虽想帮助却心有余而力不足,所以,对于好言难劝的人,放平心态,由他去吧。

但是,大家可以再看看我这个回答,每个小点之间仍然存在教科书式的逻辑,即为何生病、如何治疗、如何预防。是的,各种方法并非互相排斥,完全可以结合起来运用。

第二种,也是我常用的,用实际的案例来进行科普,也就是讲故事。据说人的本性就是八卦,这话有些道理。作为医生,我见过太多的病例,其中值得讲的故事可不少。当我想要写某方面的科普时,我会在脑海里过一过,有这方面的案例吗?值得拿出来分享吗?如果有,那可是件好事,毕竟人人都爱听故事。从故事入手特别好写,很多悬念与转折都不需要我设计,事情的发展过程本身就是如此,直接写出来即可,读者的内心自然会被那些曲折的情节所抓住。我只需要在必要处作出解释,而这种解释即为科普。

3.3 面:文章的皮囊

3.3.1 屏读时代,什么样的版面读者读起来爽

很多人睡觉前的最后一件事和起床后的第一件事,就是拿起手机刷文章。像古时皇帝批阅奏折一样,点赞就像写个阅,评论就像在批注。

那么问题来了,在编排文章版面时,作者该如何服务好这些有"批奏折"习惯的读者们呢?

1. 不要高估读者在碎片时间下的耐心

朱元璋是草莽出身,对于文字并不十分精通,因此批阅起奏折来十分吃力。在洪武九年,明朝刑部主事茹太素上了一个奏折,朱元璋让别人读了一半不到,就花了三个多小时。而奏折竟然还没有说到正题。朱元璋当下就生气了,让人不要再读。数了一下剩余字数,竟然还有一万多字。朱元璋就把茹太素传唤到宫里,当场就让侍卫一顿毒打。

在手机上刷文章,读者可是比朱元璋还缺少耐心。在通勤、排队、上厕所等碎片时间里,读者不会逐字逐句看,多是一目十行、瞟一眼小标题和重点句。因此,作者要用加粗或不同的色彩突出重点句和小标题。

另外,读者用手机看文章很容易造成眼睛疲劳。因此文章字体大小要合适:标题推荐 16～18px,正文推荐 14～16px,标注推荐 12～14px。

2. 排版要避免杂乱无章、风格雷同

今天你看到的排版惊艳的大号,也是逐步提升水准、找到风格定位的。黎贝卡在新书《爱美也是生产力》写道:"那时我刚开公众号半年……第一次去看秀,第一次拍摄作品发出来……回头再看那篇推送,无论是排版还是照片,都惨不忍睹。但那种分享的热情,无论是在早期那些惨不忍睹排版粗糙的推送里,还是在后来风格渐趋稳定统一的图文里,从来都没有消失过。"

如果你想提高文章排版能力,建议向以下自媒体学习,做到规范统一、自成风格。

(1)以文字为主的自媒体

以文字为主的文章排版既要注意运用对比突出重点,又要注意延续独特风格。以文字为主的自媒体排版规范如表3-2所示。

表3-2 以文字为主的自媒体排版规范

公众号	颜色	对齐	两端缩进	字号	段落	间距
刘润	正文黑色、重点句蓝色	左对齐	16	正文 15px 小标题 24px	每段不超过 3 行	行间距 1.75 段后距 16 字间距 2
KnowYourself	正文黑色、参考文献灰色、小标题红色	左对齐	8	正文 15px 小标题 17px	每段不超过 3 行	行间距 1.75 字间距 1
李叫兽	正文黑色、重点句加粗	左对齐	0	正文 17px	每段不超过 4 行	行间距 1.75
张佳玮	正文黑色	左对齐	8	正文 17px	每段不超过 5 行	段后距 24,行间距 1.75,字间距 2

（2）以图片（漫画、插画、表情包）为主的自媒体

以图片为主的文章排版既要注意传递情绪，又要注意延续特色风格。以图片为主的自媒体排版规范如表3-3所示。

表3-3 以图片为主的自媒体排版规范

公众号	颜　色	对齐	两端缩进	字　号	段　落	间　距
姜茶茶	正文黑色	居中对齐	8	正文15px	每段3～8行	行间距1.75
黎贝卡的异想世界	正文黑色分割线、小标题绿色	左对齐	8	正文16px	每段不超过3行	段后距24 行间距1.75
深夜发媸	正文黑色、重点词红色	左对齐	0	正文14px 重点词16px	每段不超过3行	行间距1.6 字间距2
猪坚强	正文蓝色	居中对齐	0	正文13px	每段3～8行	行间距1.6 字间距2

第 4 章
获得读者反馈

> 打动读者是作家唯一要事！文字能将情绪放大，也能够减弱。在写作时，想好如何打动那些冷漠的人，就完全不用担心不会打动读者了。
>
> ——美国作家罗克珊·盖伊

4.1 让读者产生共鸣感

如果要评美国人最喜欢的一道中国菜,非宫保鸡丁莫属。为什么宫保鸡丁在美国流行?因为加州、得州、亚利桑那州、新墨西哥州都靠墨西哥边界。墨西哥很多地方像四川,第一个相似:辣,当地有很多种不同的辣椒——一个共同分母在里边;第二个相似:有共同的香料,如花椒。

写文章也要寻找与读者的交集,让读者感到你"懂他",共鸣来源于以下三点。

4.1.1 最简单的共鸣来源于共同的经历、背景、目标

正如"黎贝卡的异想世界"主理人方夷敏所说:"恰恰因为我是普通女孩,大部分女生踩过的雷、走过的弯路,我都经历过。我知道普通女孩在爱美路上的开心和挣扎,知道她们在关心什么。我把这些经历、收获、痛苦,都毫无保留地分享出来。所以她们在看我文章的时候,会特别容易产生共鸣。"

4.1.2 更高级的共鸣来自共同的感受

2017年末,林安在《圆桌派》的一期节目《呆着:不想工作怎么破?》里,找到了灵感。节目里,主持人窦文涛说:"周围很多年轻人,不是不喜欢工作,而是不喜欢上班。更精确地讲,是不喜欢在那种组织化的环境下生活。"林安把这段话截屏了下来,放进了一篇文章里——《现在的年轻人,为什么不想上班了》,没想到,这篇文章在网上掀起了波澜。看着一周内飙升至几十万的浏览量和成百上千条网友回复,林安心

中的某个想法得到了验证：不想上班不是我一个人的状态，而是一种普遍的社会现象。

4.1.3 最高级的共鸣来自价值观层面的共鸣

《活着》是中国当代作家余华 1993 年出版的长篇小说。在回答许子东版费问题时，余华迂回地回答：我靠《活着》活着。用许子东的评价来说，《活着》之所以受到无数国人认可，乃因其描述的生存哲学是"很苦很善良"。"苦"让中国人产生无穷共鸣，"善良"又象征着无穷希望。

案例 4-1

知乎网友提问：抖音是否正在摧毁当代女性的价值观？

以下是 @鲁西西的回答：

抖音不是在摧毁，抖音只是在迎合。它不仅仅是在迎合女性，它是迎合人性。

人性有贪婪、好色、懒惰、肤浅、愚蠢的一面。而学习、努力、自律是对欲望的克制，是辛苦的，反人性，是只有少数人通过学习自律，慢慢克服和摆脱自己人性的弱点，也只有少数人是清醒的。

我们在抖音上看到的一些短视频，是大多数人在碎片化时间不假思索就作出的投票，反映人性原本真实想法和愿望。

抖音也只是通过算法，把在这里大多数人都喜欢看到，并且支持和认同的观点和声音，自动筛选和呈现出来，让我们看见。

抖音上有一些愚蠢的观点之所以大行其道。然而并不是因为这些观点的出现让观看抖音的人们变得愚蠢。只能说网络上持同样愚蠢观点的人群占比太大，才能让愚蠢的观念拥有市场，并迅速地传播起来。

抖音上的短视频，很少提出让人目耳一新的意见。它们往往只是殊途同归地在重复某个群体想要实现的愿望，如有求必应的伴侣、慷慨大方的闺蜜。某些愚蠢的愿望，却被不断地拿来重复，并获得高赞，很多高赞不等于正确，只不过是一群持一样想法的笨蛋找到组织，在此一拍即合。

但是鄙视抖音的人，也不应该自视过高，我们喜闻乐见的电视剧、网文、小说，有时也何尝不是在迎合我们人性中某个愿望呢？

当某个作者某个平台观念的输出，只会让我们觉得一拍即合，我们应该对此保持警惕。某些观念输出永远停在我们思维的舒适区，它们不能引领你，只会麻醉你，在那里待久了，我们原本有的弱点和愚蠢会被强化。真正的学习和成长永远是痛苦的自我蜕变、辛苦的逆流而上。

我们在互联网上面对各方信息，就好像旧时的君王面对群臣进谏。昏君身边围绕一群奸臣，永远在迎合，说皇上爱听的。只有清明君主有能力和肚量接纳忠言逆耳。你们说一个君王身边都是拍马屁的小人，是小人把君王变蠢，还是君王自己蠢才会选择小人？

同样，一个聪明人和笨蛋的区别在哪里？聪明人知道世界很大，自己所知甚少。愿意包容不同的人和意见，有能力学习和改变自己，不断通过输入进步的信息来更新自己的观念。

笨蛋认为自己早已经无所不知，永远是对的，他们不想改变自己，只想在网上找到同类的意见来支持自己。他们看到和自己不合的意见，只会勃然大怒，然后进行攻击。所以他们可以在抖音如鱼得水，因为算法会很好保护他们固执的无知不受冒犯。

算法本身没有罪，它只是帮智者找到智者，帮笨蛋找到笨蛋。无奈的是真理只存在于少数人，而笨蛋总是更多。

佩弦：你平时也刷抖音吗？

鲁西西：我玩抖音，这是作为作者应该有的好奇，不断去探索这个世界，去实践和经验中寻找答案，当然也会思考这样一个短视频软件为什么会风靡全球？

佩弦：这篇文章是你在知乎的回答中赞最高的（14.3万人），并且你在所有回答中独树一帜，你是如何做到"众人独醉我皆醒的"？

鲁西西：抖音成为每个普通人的舞台，所有人都可以发声，但是那些未经筛选的声音，像不同方向的风，将人变成一株摇摆不定的草。一个从不读书的人，缺少警惕感和是非观，会很容易被说服、煽动、蒙蔽。

我经常在短视频里看到所谓的共鸣，就是如果有一个运动员或一个健身爱好者英年早逝，评论区就会出现：运动没有用的结论。还会出现运动会将身体癌细胞激活的谣言，并被很多人点赞和相信。

而书本永远不会把这种歪理邪说放在你面前。如果知识信息是人类的精神食粮，它是方便的、安全的、高效的。短视频则像是我们去野外丛林觅食，需要观众本来就具备一定的鉴别力才行。

佩弦：有网友在你的回答下留言：看了那么多回答，你说得比较客观，尤其是那个"迎合"。也有另一位网友留言：你写这篇文章，也有很多人认同和点赞，所以你也是在迎合。你怎么看？

鲁西西：这个质疑问得好！不过我认为给我点赞的大多数网友和我一样，怀着一种对自身问题的反思和自省。至少我在描述被迎合人性的这一现象的时候，并没有把我自己排除在外。

我在文章中批评的种种人性的弱点我都有。写作与阅读的目的是以人为镜，带来自我反省，认识自己不足和可能会犯的错误，加以改进，这是与在网上寻找相同意见获得自我满足、自我认同的本质区别。

如果输出只是高高在上对别人的不足指手画脚，上网获得信息只是为了寻找认同获得某种优越感，那么我们也同样会沦为故步自封的笨蛋。

4.2　让读者获得优越感

宋哲宗绍圣元年，带着"讥斥先朝"这个莫须有的罪名，又一次遭贬的苏东坡来到了当时的蛮荒之地岭南。贬谪的次年，苏东坡第一次吃到了惠州的荔枝，非常喜欢，并写诗大加赞美："海山仙人绛罗襦，红纱中单白玉肤"。此后，苏东坡一发不可收拾地爱上了这里的荔枝，并在多首诗词中流露出了自己的喜爱。其中，"日啖荔枝三百颗，不辞长作岭南人"最为脍炙人口。

荔枝让苏东坡产生了优越感，你写文章也要想办法让读者获得优越感。教你如下两种方法。

📝 4.2.1 FFC 赞美法

赞美读者别只会说"牛""真棒",赞美是种艺术,赞美需符合事实且不浮夸。

Feeling:感受。

Fact:事实。

Compare:对比。

比如星座自媒体同道大叔,常用 FFC 赞美法让读者飘飘欲仙:

> 娶到水瓶女当老婆,月老都得给你竖大拇指!(Feeling)
>
> 你以为水瓶女只是有点姿色,其实人家内外兼修!你以为她有点才华,其实人家德才兼备!跟你扯淡能笑死你,跟你撒娇能甜死你,跟你柔情能迷死你,跟你撩!能麻死你!(Fact)
>
> 还有比水瓶女的颜值、才华、思想、幽默,更均衡、更高级、更优质的吗?真心没有。只要跟水瓶女爱过,再看别人,那都是曾经沧海难为水!(Compare)

📝 4.2.2 差势理论

陈佩斯认为,所有的喜剧都和人类优越感的产生有关:"有一些人在人群当中,开始有意识地把自己的地位降低,甚至自己模仿一些肢体不全、残缺、残疾等,去让同类获得优越感,这就渐渐成了喜剧的雏形。"

📝 案例 4-2

知乎网友提问：为什么大家都说我不像医生？

以下是 @Dr 老爸的育儿经的回答：

作为一名油腻的中年老医生，自认为对这个问题有些经验。

在平时的生活中，我其实是个有点闷的人，但是，一旦穿上白大褂，马上就得更换一副嘴脸，所谓精神分裂，亦不过如此。

我常采用的表情是：冷峻（几乎不笑，目光如炬）。下一步是语言和语气：坚定（绝不拖泥带水，吐词清晰，不要含糊。悄悄告诉自己：我是专家！）

最后是服装。可能不同的医院有所不同，不过，我的看法是，不能太整洁。如果太过于干净整理，一丝不苟，就有点莆田系的感觉。当然，太脏、皱巴巴的，也不行，容易给人留下不修边幅的印象。

佩弦：文章发布后的数据和你的总结是什么样的？

王宇：只看这个文字回答其实不怎么搞笑，因为省略了图片。不过，有趣的事情我还是写过不少，实践证明，这一类型的写作通常比较受欢迎，阅读量和点赞量都很高。

日常生活中本来就会遇到不少有趣的人、有趣的事，还有些事，本身挺无趣的，或许还很无奈，甚至很恶劣，但我们用一种诙谐，甚至略带嘲讽的眼光去看待它，用这样的语气去形容它，也许能够化腐朽为神奇。

佩弦：你原文中的配图无法放在书中，你觉得表情包、梗图对于传递幽默信息的作用是什么？

王宇：图的作用非常重要。刚开始写作自媒体时，我对于配图的理解还很浅，只不过是在一段文字后加一张图作为分隔，以免大段大段的文字让读者看着头疼。写作久了，才慢慢知道，有些语气，有的态度，仅仅用语言表达出来，其冲击力是很弱的，而一旦配上图，则一目了然。自媒体毕竟是一种快餐文学，讲究简明扼要，让人一读就懂，图文并茂正好符合了这一要求，而理解文字的幽默需要读者动脑，甚至有一定的门槛，配图后这一问题便迎刃而解。

4.3 让读者产生意外感

在餐馆吃饭，因为点的鱼香茄子里面没有鱼，顾客发飙摔盘子，老板娘认为顾客不讲理，最终经民警协调之后，店家赔偿了顾客200元。

以上新闻是2021年6月发生在杭州的真实事件。其实，鱼香是四川菜肴主要传统味型之一。成菜具有鱼香味，但其味并不来自"鱼"，而是由泡红辣椒、葱、姜、蒜、糖、盐、酱油等调味品调制而成。

有网友留言说：红烧狮子头，还得去动物园杀两只狮子；夫妻肺片非但没有夫妻，连肺片都没有；点个虎皮青椒，老板还得喝点酒去景阳冈……由此看来，让读者产生"情理之中意料之外"之感的文章，总是比那些见怪不怪的新闻，更容易被人记住、传播和讨论。

📝 案例 4-3

知乎网友提问：不同科室的医生之间有没有隔行如隔山的现象？

以下是 @Dr 老爸的育儿经的回答：

我是儿科医生，我觉得吧，其他科的医生，只要有了娃，根本就不像是医生了，瞬间变成白痴。

晚上 7 点，医生妈妈急匆匆冲进诊室："王医生，不得了啦，我娃不吃饭！"

让我看看："呃……不饿。"

晚上 9 点，医生妈妈急匆匆冲进诊室："王医生，不得了啦，我娃不睡觉！"

让我看看："呃……不困。"

晚上 10 点，医生妈妈急匆匆冲进诊室："王医生，不得了啦，我娃醒啦！"

让我看看："呃……饿了。"

晚上 11 点，医生妈妈急匆匆冲进诊室："王医生，不得了啦，我娃一直哭！"

让我看看："呃……拉臭臭了。"

佩弦：写这篇文章时，你的情况是什么样的？

王宇：这其实说不上是一篇文章，也就是吐个槽。那天我正好坐地铁去参加一个学术会议，乘车时无聊，刷刷知乎，无意之间发现了这个问题，突然感觉内心被触动了一下，几乎没怎么思考，就利用车上大约十分钟的时间，在手机上给出了回答。

当时，这个问题下已经有了不少回答，大概瞅瞅，前面几条，点赞量都不少，新的回答想要脱颖而出不太容易，但我也没多想，反正就是吐个槽呗，三下五除二。几个小时后，得空再去看看，我惊奇地发现，自己随手写出的这一篇，竟然已经处于热榜第一的位置！而且，该回答写于 2020 年 3 月，直到现在，还会时不时收到赞和评论。

事实上，我并非随便写点什么都能受到追捧，其实，有些文章我是非常用心的，写作前，做足准备，查资料、列提纲，在脑子里一遍遍演练写作的某些细节，一遍遍憧憬完成后会是怎样的惊天地泣鬼神；写作时，我正襟危坐，目不斜视，双眼死死盯着电脑屏幕，手指头噼噼啪啪敲击着键盘，脑子高速运转、思绪纷飞，金句、段子一个个冒了出来；写作完成后，我看着自己的作品，踌躇满志，志得意满，仿佛已经看见，它将火爆全网！结果，阅读量、点赞量全都惨不忍睹……

佩弦：写作前你有哪些思考？做了哪些准备？

王宇： 写这个回答时，我刚玩自媒体不久，并不能明白产出一篇网络爆文的深层次原因，当然，现在也说不上完全明白，不过，经过数年写作，产出无数篇爆文后，我认为，当时这个回答虽然简单，却自有其火爆的原因。

原因之一是我的准备。看起来，我毫无准备，看到问题就写，并很快写完，根本没考虑过什么行文思路、逻辑结构，哪儿该埋下地雷，哪儿该抖个包袱，完全没有规划。但是，毕竟，我已经当了十多年医生，经历过太多太多，一肚子牢骚话，早已不吐不快！好不容易发现了一个发泄口，还能忍住不说吗？

因此，所谓准备，我们应从更大的视角去看待。长期的学习、工作经历，丰富的生活经验，都是准备。所谓养兵千日、用兵一时，自己的阅历就是"养兵"的过程，虽然，当时我并没有想过，自己有朝一日会把他们写出来、记录下来，但是，真正到了"用兵"的这一刻,无须绞尽脑汁,就像提取电脑中储存的数据一样,只需输入检索词,它们就会自动冒出来,滔滔不绝。

佩弦:在写作过程中,你具体是怎样操作的?

王宇:只有阅历上的准备确实是远远不够的。我想大家可能都经历过,面对某一话题,胸中似有千言万语,诉诸笔端时,却不知从何着手?

究竟该怎么写,才能吸引读者?所以,这个回答能够火爆的原因之二是写作技巧。写作技巧这个词,看起来挺高大上的,网上有一些培训班,专门教这个,听说收费不菲。当然,我从来没去学过,感觉不值,何必花这冤枉钱。

我认为写作与聊天类似。聊天谁都会,但是,怎么聊,才能把这个天聊下去、聊开心、聊出高度、聊出境界!我自己常用的方法有几种,先讲自己最常用的一种:冷幽默、自嘲。生活中的我属于外表冷漠、内心狂热的类型,表面看起来一本正经,却常常冷不丁冒出几句话逗得大家哈哈大笑。

就说这个回答吧,我想要吐槽的是,即使那些看起来逻辑缜密、学富五车、经验丰富的医学大牛们,在面对自家孩子的小毛小病时,也会慌了手脚、乱了方寸,何况普罗大众?

在工作中,我常常遇到一些戏剧性十足的事。例如,半夜三更,宝宝睡得正香,医生妈妈却怀疑他是不是生了病导致昏迷不醒,急匆匆送到医院,敲醒正在值班、刚刚入睡的我,然后,我们看到,襁褓中的宝宝不知何时已经醒了过来,看到我们,立即给出一个甜美的微笑;还有,同事孩子拉肚子,用塑料袋小心翼翼地装好排泄物,带进我的诊室,众目睽睽之下展示排泄物,然后与我探讨:这是否为传说中轮状病毒感染之典型性状？诊室里的家长们，见此情景，完全不顾酸臭，一个个凑过头来观摩学习，并且，有位妈妈还立刻拿出手机拍照，并转发给孩子爸爸，要求他也好好学习一番。

作为当事人的我，当时是什么心情呢？

事件一：真烦，明明啥事没有，非要半夜来把我叫醒！

事件二：我对你儿子的排泄物没有一点儿兴趣。

可是，我该如何表达，怎样写出来呢？写出我的无语、我的嫌弃吗？

不，就吐个槽，大家一笑而过吧。

佩弦：文章发布后的数据和你的总结是什么样的？

王宇：知乎的特点是，某些文章、回答，即使过去了很久，也会持续被看见，我们通常称呼此为"长尾效应"。想不到的是，我这个吐槽也实现了。现在，阅读量已达百万，获赞过万。

为何能取得如此好的成绩呢？我觉得大概有以下两点。

①真实的内核。看似夸张的描写，背后却是我行医多年来的真实经历。真人真事，往往比编出来的故事还要不可思议！

②戏剧性的描写。写作的时候，可以选择抓住我的一段经历，如前面所举的例子，详详细细记录下来，也会符合该提问。但是，我当时并没有这样做，出于本能，我选择了戏剧性的描写方式，将多年来的经历浓缩在一次事件中，事实证明，这样做，效果非常好。

4.4 让读者产生启发感

"叉烧呀！好叉烧呀！我从来未吃过这么好吃的叉烧！救

命啊……为什么？为什么？为什么？为什么让我吃上一碗这么好的叉烧饭！我吃完怎么会流泪呢？有一种哀伤的感觉？是洋葱，我加了洋葱！啊，实在太贴切了。吃了这碗饭，让人感动到流泪，怪不得叫黯然销魂饭！"这是电影《食神》中薛家燕饰演的美食评委在尝了一口黯然销魂饭后内心的独白。

同理，写文章尤其是科普文，维持吸引力的秘诀就在于每隔一部分，就制造"启发感"，让读者产生"原来如此啊"的顿悟。

📝 案例 4-4

知乎网友提问：如何能做到年薪 50 万以上？

以下是 @菲凡的回答：

作为 HR 我可以比其他人有更多机会近距离观察很多优秀的职场人，在人才发展项目中有更多机会和他们进行一对一的沟通，我很享受这个过程，这也是我学习的过程。

同时，我也有把员工约谈到小黑屋、协商解除劳动合同的经验。同样是 35 岁左右的职场人，有的人仍然是月薪 1W，而有的人早就月薪 10W+，总结下来，大牛和普通人主要有三个区别。

1. 接受挑战 vs 安于现状

大牛都愿意接受挑战，普通人往往安于现状，不愿意跳出舒适区。做别人不想做的事情，扛下来别人愿意做的事情，哪个大牛当初不是从接受各种挑战开始的呢？

从某种程度上说，接受挑战就是职场成长的最佳路径，所有成长快速的人，要么接受公司的临危受命，要么是出色地完成责任以外的项目，这也就是成长的机会，就是升职、加薪的最佳通行证。

作为 HR 我看过太多的晋升审批单，其实 80% 的晋升理由大概有以下几点。

① Linda 在去年接下了 Amy 的工作，在 Amy 休产假的半年期间，Linda 接受新挑战，独立完成大部分数据处理工作，特此申请晋升……

② Jack 在完成本职工作的基础上，出色地完成了部门新项目 SMART 系统上线工作，特此申请晋升……

③ Lily 不仅能够做好本职工作，在部门人手明显缺失的情况下，主动承担了客户回访和周报工作，表现出色，特此申请晋升……

这样的例子太多了，其实每年晋升的理由都大同小异。千万别以为做多了就吃亏了，当然你也可以不做，那么看到别人有升职加薪的机会，你也别在背地里沮丧，天天感叹自己是千里马，而伯乐都无法识别出你。你确定你是千里马吗？

所以，能力差不多的小伙伴，有挑战来临的时候，区别是原地不动和向前一步。落后一步，步步落后。出色完成一个新挑战，增加了自信心，同时增加了老板的信任，那么新的机会就会滚动而来。

记住：不是因为你是什么人就去做什么事，而是因为你做了什么事而成了什么人！

2. 找高手学习 vs 与低手找感觉

大牛擅长向比自己牛的人学习，普通人没有刻意寻找高手学习的意识，还有一些人，喜欢和不如自己的人在一起玩，找优越感。

有机会的时候，我都会问身边年薪几百万的职场大牛一个问题：你是如何成长为今天的样子的？

其中有一个答案是比较统一，他们在年轻的时候，会特别擅长找身边的高手，在高手身边，观察、模仿、研究他（她）们的成功因素，向高手学习，消化吸收后为己所用。

职场中的大牛往往有一个经验丰富的老大带路，在老大身边学习各种宝典和攻略，可以避免很多坑，他们善于向高手咨询行业内的各种趋势和方法论，不断修炼。如果工作中没有经验丰富的老大，他们也会自己寻觅在自己领域的高手带路。

在我看来，工作十年，月薪一万，还自我感觉不错，有以下几个可能性。

① 身边没有高手，认为自己已经是高手，感觉还不错。

② 身边有高手，绕道而行，你玩你的，我玩我的。

③ 享受繁重的工作，从来都没有时间和精力去考虑向高手学习这件事情。

说到"享受繁重"的工作，绝大部分人因为时间管理和个人管理的方法问题，工作占有时间的比重超过50%，而月薪也就在1W左右。更可怕的是，如果你和他（她）说，其实可以换一个方式自我管理，还有很多工作不用怎么"拼"，他（她）是拒绝的，他（她）认为工作就是这样。

不管你的工作环境如何，你都可以找到至少在某个领域比你优秀一点的"高人"，和他（她）做朋友，取经，学习。成长其实很简单。

3. 总结规律 vs 机械重复

大牛都具备总结规律的本领，普通人沉浸在重复完成熟悉的事情。一年的经验，反复十年，也叫拥有十年工作经验？

无论在任何领域，接受任何工作，大牛都具备总结规律、熟悉模型、吃透规律的能力。然后，通过挑战实践、检验规律，校对规律，继续接受挑战实践、总结规律……

职业发展的规律就是：一个人到一个岗位之后，用最快的时间，把岗位的能力要求抽象出来，找到关键点，聚焦自己的能力，用最快的时间达到并超越。然后找下个职位，重复、螺旋式成长。

佩弦：写这篇文章时，你的情况是什么样的？

王琳：这篇回答关注有 1.4 万人，这个问题本身就是热门，很多人去知乎都会想搜索类似的问题，因为赚钱是永恒的话题。

佩弦：写作前你有哪些思考？做了哪些准备？

王琳：我写作的过程是一气呵成的，想写的时候，很早就已经有了一些思路，不过没有形成逻辑闭环，当看到这个问题的时候，一些思路打通了就直接写。写作的准备属于日常中的一丝思考，形成了一些规律和有一些可以分享的洞察点的那一刻，就一气呵成。

佩弦：在写作中，你具体是怎样操作的？

王琳：这篇大概写了 3 至 4 个小时，初稿 1 至 2 个小时，后面就打磨，我写作不能被打扰，就是专注 3 至 4 个小时，完全进入写作状态。

佩弦：文章发布后的数据和你的总结是什么样的？

王琳：目前 1.2 万赞，570 条评论，这个数据在知乎是相当不错的。

这属于爆款文章，我相信当年留言的很多读者都期待自己能在未来几年年薪突破 50 万，如果真的读到了文章的核心，其实是完全可以做到的。

知乎发布的文章要针对读者的痛点（关注者过万的问题），那么确实可以获得读者的认可。

4.5 让读者看得津津有味

东汉末年，曹操率部去讨伐盘踞在宛城的张绣。当时已经到了中午，烈日当空，天气十分炎热。将士们携带着沉重的武器，全身都被汗水浸湿，又热又渴。曹操心想，如果在这里久留，会有更多的人无法坚持下去。曹操略微思索了一下，猛地用马鞭指着前边的山坡，大声对手下的将士说：这个地方我熟悉，翻过前边的山坡，就会有一大片茂盛的杨梅林，到了那里，你们每个人都可以尽情地享用杨梅。将士们一听说梅子，就自然而然地想象起酸味，从而流出口水，顿时不觉得那么渴了。曹操立即指挥队伍行进，经过一段时间，终于带领队伍成功找到了水源，大家痛痛快快地喝了水，精神焕发地继续行军。

人是一种拥有"七情六欲"的高级动物。"七情"指喜、怒、哀、乐、爱、恶、欲七种情感。"六欲"指生、死及眼、耳、鼻、口所产生的欲念。写作者要像曹操学习，通过文字唤醒读者的"七情六欲"。

📖 案例 4-5

知乎网友提问：西班牙前锋托雷斯宣布退役，如何评价他的职业生涯？

以下是 @海布里 de 酋长的回答：

01

托雷斯的父母都是普通的工人阶层,他们居住在马德里南部的一个小镇里,日子虽然平凡但幸福。在一个普通的春日,金童费尔南多·托雷斯诞生。和当地的很多孩子一样,从小在街边看大人们踢球、听他们讲足球故事。托雷斯的祖父是一名铁杆的马德里竞技队的粉丝,因此他给小费尔南多灌输了不少马德里竞技队的知识,这对于托雷斯日后的职业生涯,起至关重要的影响。

不过,和很多球星小时候不同,小费尔南多可不是"天生的射手",他最早加入足球队,是从门将做起的。五岁时,小费尔南多和伙伴们一同参加了一场乡镇比赛,这在当时算是级别很高的了,所以孩子们都格外重视,小费尔南多也是如此。可未曾想,在比赛中,他不仅没有出彩,反倒被对方前锋射掉了两颗牙齿。感觉愤怒而又羞耻的小费尔南多就此放弃了门将梦,改踢前锋,以"报复"对方。至此,天才射手养成,算是走出了第一步。

从那以后,前锋托雷斯就成了他的新身份。不知是不是掉落的两颗牙齿刺激了小费尔南多,在接下来的比赛训练中,他格外卖力、进步飞速、一跃成为队内的头牌射手。足球基础甚好的西班牙球探遍地,很多俱乐部都通过触角认识了小费尔南多,一时间试训邀约不断;不过,他的祖父还是在等马竞的消息,毕竟,作为铁杆粉丝,能把自己的小家伙送到心爱的俱乐部,必定是人生一大幸事。

02

终于,10岁时,马竞俱乐部发出了官方邀请,托雷斯毫不犹豫地接受,成为马竞青年队的一员。其实那时的托雷斯是达不到球队年龄要求的,但俱乐部青训主管曼努埃尔·布里亚斯和曼诺拉·兰吉尔联合做主，替小费尔南多改了年龄、加了一岁，才勉强过关。来到马竞后的托雷斯成长迅速，实现祖父的梦想也让他倍感荣耀；主管们对他也是信赖有加，真正把他当作未来的头牌培养，这让托雷斯十分感动，特别是对于布里亚斯，托雷斯在日后各类场合多次表达对他的谢意。

17岁零68天的托雷斯在卡尔德隆球场亮相，对阵莱加内斯一战，他成了代表马竞出场的最年轻球员。一周后，面对阿巴谢特，他不仅促成对方两名球员被罚下场，还攻入了自己代表马竞一队出场的处子球。他也因此得到了教练的赏识，在对阵雷加尼斯的比赛中第一次首发出场。

在托雷斯的帮助下，经历了两年西乙挣扎的马竞重回西甲，这段时间里托雷斯一共打进了20球。表现出色的他自然是球队升级的大功臣，在队中深受喜爱。于是2003—2004赛季，19岁的托雷斯在35次联赛出场中打进19个联赛进球，成为俱乐部队史最年轻的队长。

随后的四年时间里，年轻的托雷斯持续涨球。他精湛的射术，均衡的左右脚，出众的爆发力不断展现，连续赛季进球15+似乎也只是水到渠成而已。持续的高光，让全欧洲都注意到这位来自卡尔德隆球场的金童。一时风光，丝毫不逊今天的德里赫特与德容。

卿本佳人，奈何那时的马竞，没有能力给金童许下美好未来。常年无冠，不能稳定参加欧战的尴尬，成了情人分手前的绝唱。2007年夏日，托雷斯含泪摘下队长袖标，褪去红白条纹的战袍，他的身上染入了更深的红色。加盟利物浦，托雷斯为马德里竞技留下的纪录是：244场比赛打进91球。

03

比起马德里，安菲尔德也许有着更纯粹的足球，这里的球迷永远高唱着"you never walk alone",这里是摇滚乐、披头士、约翰·列侬的故乡。无数的球员渴望来到这里,如同一个虔诚的朝圣者一样朝拜自己心中的耶路撒冷。托雷斯也不例外,他在利物浦的新闻发布会上表示"能够加盟利物浦这样的球队,我非常高兴。这里有许多自己尊敬的前辈,能够与之并肩作战是一件乐事。"同时,他也流露出自己的野心"在西班牙,我很出名,但是我希望在全世界的范围内也很有名气"。

如他自己所期望的那样,他在利物浦的表现非常亮眼,他单赛季轰入了24球,不仅打破了自己在马竞时期单赛季进球纪录,也打破了利物浦多年以来无人能单赛季入20球的尴尬纪录。

值得一提的是,那个赛季的英超第三轮,队长杰拉德传球给他,托雷斯把握机会一蹴而就,比分改写,他的英超首球也就此到来。杰拉德传给托雷斯,就像是新老交替、精神传承的火炬,使红军球迷倍感希望。在接下来的赛季中,托雷斯持续的精彩演出,不仅在联赛中大放异彩,在欧冠等重量级赛事中也有所斩获,最终交出了46场33球的成绩单。

连续的高光表现,让国家队主帅阿拉贡内斯也注意到了他的存在,托雷斯被征召,成为如日中天的西班牙的一分子。那一年的西班牙整体实力很不错,被视为欧洲杯赛事的夺冠大热。托雷斯的锋线搭档比利亚在欧洲杯的首场比赛里,就贡献了帽子戏法的好戏。西班牙一路披荆斩棘,和德国会师决赛。

这本是一场星光十足的大战,命运却似乎有意使然,状态极佳的比利亚因伤缺席了决赛,托雷斯将担任单箭头出战决赛。由于比利亚的表现过于亮眼,许多人忽视了他身边的托雷斯。在决赛开始前,不少媒体预测阵容不完整的西班牙会最终败北!托雷斯一定也听到了这样的声音,只是他没有以言语回应，而是将怒火带到了赛场上。

比赛开始后，双方简单试探后进入了对攻大战。

第33分钟，塞纳中圈觅得机会，想要和托雷斯完成一次战术配合。哈维读懂了队友的心思，接到传球后直接推给了前插的托雷斯。西班牙金童拿到了大师送出的直塞球，电光石火间，飞速前插，德国队防守核心拉姆面对敌将来犯，似乎早已做好了迎战准备。但不料托雷斯根本不给对方任何反应的机会，外线加速直接超车，对方无所适从！转眼间，皮球已经来到了德国禁区内，面对最后的关卡，托雷斯四两拨千斤，轻轻地送出一记挑射，皮球听话地滚入了远角，1比0！比分被改写，托雷斯证明了自己！那个价值千金的金球，也成了球迷们永世的记忆！

04

只是，世事无常，即便托雷斯是人间琳琅，也逃不过伤病的侵蚀。欧洲杯后，伤病找上了他，这个"当世最佳射手的讨论者"成了"三天打鱼两天晒网的玻璃人"。他充满力量、速度与爆发力的踢法，造就了他，也一定程度上缩减了他的职业生涯。频繁的伤病，让他心生倦意，那是他自金童出道后，第一次听到的声音：一种充满了困惑、责备、与不理解的声音。怪不得球迷，竞技体育本就喜新厌旧。

于是2011年的冬窗到来，俱乐部作出了艰难决定，在切尔西金钱炮弹的攻击下，利物浦放弃了那个曾让他们骄傲无比的少年，换来了5000万英镑的巨额转会费。梦里不知身是客，再遇安菲尔德，已是换了人间。

05

其实那年的托雷斯还不满27岁，对于一名射手而言，他仍非常年轻。往昔外道碾压世界第一右后卫拉姆的进球还历历在目，切尔西也看好他的前景，于是不惜天价将他带到斯坦福桥。

只是，不知是年少成名的多年消耗，身体机能已临近枯竭。还是心智不够强大，在经历了利物浦最后几年的流言蜚语后，被最后的5000万英镑天价压垮了。身披象征球队传统中锋9号球衣的托雷斯，前14场比赛只打进1球，而那个斯坦福桥雨夜攻破西汉姆球门的进球，竟是他2010—11赛季为切尔西打进的唯一进球……

还好，不得志的他赶上了赛季结束，托雷斯在夏天努力休整，试图在新赛季里重振雄风。看起来确实如此，2011—2012赛季，他在初期表现不错，一度让人们看到了曾经的金童。但在与曼联的关键比赛里，托雷斯带球晃过了德赫亚的最后一关，面对空门，却鬼使神差地将球打飞。完成射门动作后托雷斯像一个犯了错误的小孩子一样，垂头丧气，久久不能相信这是自己的所作所为。曾经的金童、那几年全欧最棒的射手之一，欧洲杯决赛的进球英雄，这到底是怎么了？

没有人知道那一刻究竟发生了什么，就像2008年他站在欧洲之巅时没有人预料到他的下滑。多个赛季下来托雷斯的状态依旧低迷，2014年夏天蓝军选择和金童分手，把年近三旬的他送到了亚平宁半岛，米兰城成了他的新归宿。不过在圣西罗的那段时光是不快乐的，托雷斯遭遇到了职业生涯最最艰难的挑战，10次出战仅仅打入了一球，他的未来变得扑朔迷离。谁曾想到，昔日金童落得这般田地，世事无常，只能感慨冯唐易老、李广难封。

06

比起日新月异，四季流转，人们总是更喜欢看王者归来的好戏，尽管这不常有。

2014年冬窗下午，马竞俱乐部官方宣布托雷斯租借回归，这也是昔日金童时隔7年重返卡尔德隆球场。

2015年1月4日，对于托雷斯本人、马竞俱乐部，以及马竞球迷来说，都是个特殊的日子，因为托雷斯这位马竞昔日的招牌人物，在外漂泊了七年半之后终于确定回家，于1月4日正式亮相。昔日英雄的回归仪式，当然是死忠们不可错过的，据《马卡报》报道，有大约45000名球迷来到卡尔德隆欢迎托雷斯的回归。

那一刻，他是否还是王者，似乎已没有那么重要了。

多年后，当托雷斯再一次身披马竞球衣，当他面对巴萨罗那队一役闪电进球后，长跪不起亲吻卡尔德隆草皮的镜头，于马竞死忠而言，都是最好的"走出半生，归来仍是少年"的注解。

"离别时，你说，究竟我做了什么，配得上你们这样的爱。爱他的人却说，究竟我们做了什么，能配得上这样的你。"也许历经千帆后，托雷斯才会想起，马德里是他此生永恒的家。

再见托雷斯，你就像流星的光辉，照亮我们疲惫的梦寐，纵然离别时分，也希冀永存一个安慰。

佩弦：写这篇文章时，你的情况是什么样的？

海布里 de 酋长：这篇文章写于2019年9月3日，当时还在上海电视台工作的我，刚刚做自媒体不久。我在一个不足30平方的小出租房的书桌前，完成了这篇稿子。虽然是非常早期的作品，但即便对于今天的我来说，这篇文章依然有许多的亮点与巧思，堪称我做自媒体的代表作之一。

佩弦：写作前你有哪些思考，做了哪些准备？

海布里 de 酋长：老实说，想到这个选题的理由很简单。

就是一位我很喜爱的球星,也是实况足球 2010 版的封面人物,费尔南多·托雷斯退役了。出于对这位"人生赢家"的喜爱,我为他写下了这篇抒情的人物志,并在其中记录下了他职业生涯中每个关键节点。

也是在电视台养成的习惯之一,写作要严谨。在动笔之前,我查阅了包括维基百科、托雷斯自传在内的诸多资料,以防止自己的文章中出现一些不该有的事实性错误。此外,我还特别回看了刘嘉老师的《天下足球》中《亨利:枪王之王》那一期。我希望自己能够模仿《天下足球》的文案,做到既专业又走心。

佩弦:在写作过程中,你具体是怎样操作的?

海布里 de 酋长:这篇文章的结构比较工整,采用了正常的时间叙述。我从托雷斯的童年故事,讲到了他与马竞的处子情缘,然后是利物浦的黄金岁月,切尔西的梦碎蓝桥,再到重回马竞的泪流满面。

其中,我觉得比较特别的还是语言的表述方面,这篇文章,因为我有意识地模仿"天下足球"的风格。所以引用了许多诗句,来增加语言的优美性,如"谁曾想到,昔日金童落得这般田地,世事无常,只能感叹冯唐易老,李广难封"。再如"梦里不知身是客,再遇安菲尔德,换了人间",这句话是对李煜"梦里不知身是客,一晌贪欢……天上人间"的仿写。

此外,我还做了很多煽情的处理,比如,多年后,当托雷斯再一次身披马竞球衣,当他面对巴萨一役闪电进球后,长跪不起亲吻卡尔德隆草皮的镜头,于马竞死忠而言,都是最好的"走出半生,归来仍是少年"的注解。

当然,文章的写作手法只是其中一方面,真正打动人心的,还是青春的记忆。正是因为托雷斯是一个广受欢迎的球员,承载了无数人的青春记忆。所以当我用美文回顾他的时候,那么多人才会深有感触,甚至泪流满面。

佩弦:文章发布后的反馈和你的总结是什么样的?

海布里 de 酋长: 这篇文章发出后,受到了知友们清一色的好评。其实在写完这篇文章时,我也有一些内心的感触。那就是"情感"永远是最打动人心的力量。一个技巧华丽无比的歌者,如果没有感情,那它的歌声也只是一串音符。

同理,这篇文章之所以那么打动人,除了自己的文笔加成外,我觉得很重要的部分是托雷斯是我的偶像之一,正是因为对于偶像的感情真挚,我在字里行间中自然地流露了出来。所以这样的文章才更打动人,更让人回味悠长。我想这也是大家在写"人物志"一类文章时,可以参考的一个要领吧。

后记 Postscript

本书的写作我也是按照"写作模板"的四个步骤来执行的,并且在写作过程中反复问自己:"准备工作做充分了吗""如何吸引读者注意呢""如何争取读者停留呢""会带给读者怎样的阅读体验并产生哪些反馈"。

1. 做好准备工作

(1) 资料查找

写作期间我查阅了不下 30 本图书,主要有三类,或多或少都给了我写作灵感。

第一类是写作方面的书,如《南方周末写作课》《如何写影评》(蒂莫西·科里根)、《郑渊洁教你写作文》(郑渊洁)、《你的写作教练》(于尔根·沃尔夫)、《十二堂写作课》(夏丏尊/叶圣陶)、《爆款文案》(关健明)、《写作是最好的自我投资》(Spenser)、《蔡骏 24 堂写作课》(蔡骏)。

第二类是自媒体人写的书,如《爱美也是生产力》(黎贝卡)、《小顾聊中国画》(顾爷)、《六神磊磊读金庸》(六神磊磊)、《愿无岁月可回头》(回忆专用小马甲的)、《北京女子图鉴》(王欣)、《只工作不上班》(林安)。

第三类是烹饪类的图书,如《烹饪化学》(曾洁)、《细说川菜》(胡廉泉)、《本味(地道川菜 24 味)》(火花石)、《国宴与家宴》(王宣一)、《美味的科学》(查尔斯·斯彭斯)。

(2) 写书组队

我一直有个心愿是把 KOL 请到书中,揭晓各自的创作过程，让读者了解一篇爆款文章是如何炼成的。我尽量寻找不同写作领域、擅长不同文体的 KOL，并最终选定了五位。

2. 吸引读者注意

（1）图书名字发想

这次的书名我很早就想好并定了下来，我认为这个书名好理解、好记忆、好传播，但凡背过英语作文模板的同学都知道"写作模板"是什么意思。

（2）图书目录构思

在写作前期，我多次修改图书目录，并利用了上下班通勤等碎片化时间思考，所以坐过站也是常有的事情。

3. 争取读者停留

（1）讲好自媒体人的故事

自媒体人的故事是我主要通过搜集他们的专访、报道和研究他们的自媒体文章获得的。

（2）讲好川菜背后的故事

川菜背后的故事是我主要通过参观成都川菜博物馆、观看美食纪录片《绝色川菜》和《邓师傅和他的传统川菜》获得的。

（3）讲好苏东坡和三国历史故事

苏东坡的故事是我主要通过参观成都博物馆、观看美食纪录片《鲜生史》获得的。至于三国故事，我从小就如数家珍。

4. 获得读者反馈

我在写作的时候，有意通过出题制造读者的意外感和启发感，通过故事激发读者的"七情六欲"。

一千个读者就有一千个哈姆雷特，欢迎你在豆瓣或我的公众号留下宝贵意见和体会。如果读完本书让你产生以下改变，我将十分欣慰：

- 激发写作兴趣。
- 获得写作灵感。
- 增加写作收入。
- 通过写作找到朋友、恋人、业务。

佩弦